試験・実務に役立つ！

地方自治法の要点

第13次改訂版

檜垣正巳 [著]

学陽書房

序

　現代は，「地方の時代」といわれるように，21世紀へ向けて，地方の創造的な発展が競って推進されていく時代である。地方自治が果すべき役割は，極めて大きい。

　地方公共団体がこの時代の要請によく応えうるか否かは，実際に行政を担当する地方公務員諸氏が，いかに情熱を傾け，いかに能力を発揮するかにかかっている。地方公務員の資質の向上と能力開発のための絶えざる努力が，強く求められるゆえんである。

　このたび学陽書房から発刊される「要点シリーズ」は，地方公務員として修得すべき各分野ごとに，コンパクトに要点を整理し解説したもので，多くの地方公務員にとって非常に便利なものであると思う。

　執筆陣は現に地方自治にたずさわっている新進気鋭の諸君で，本シリーズが自治体職員の手で成ったことは，大変に喜ばしい。

　本書が，地方自治の今後の発展に大いに寄与することを期待している。

　　昭和55年6月

　　　　　　　　　　　東京都知事　鈴 木 俊 一

第13次改訂にあたって

　近年の地方分権の大きな流れの中で，平成11年７月地方自治法が改正され，機関委任事務の廃止を中心として地方自治制度が根本的に改正された。

　その後数次にわたって制度改正が行われ，平成23年いわゆる地域主権改革関連３法，平成24年には議会関係，平成26年には大都市制度，平成29年には内部統制や監査制度などを中心に地方自治法の改正が行われた。その後も社会経済情勢の変化に対応して法改正が行われ，また，令和６年新型コロナウイルス感染症のもたらした社会の急激な変化に対応するため，いわばポストコロナ社会に備える法改正が行われた。今回，できるだけ最新の動きを含めて内容を見直し，改訂した。

　本書は，主として地方自治体の関係者及び地方自治に関心を有する人の学習又は研修のための参考書として，地方自治制度のうち特に基本的あるいは重要と思われる事項について解説したものである。項目の選定は，理論的にあるいは執務上重要なものを中心とし，制度の趣旨及び基本的知識を整理する方式をとり，できるだけ現状及び問題点にも触れるようにした。

　地方自治法については，松本英昭『新版 逐条地方自治法』をはじめ諸先輩の秀れた著作が多数刊行されており，本書の執筆に当たりそれらを参考にさせて頂いた。

　本書が，関係者の勉学の参考書等として活用され，地方自治への関心と理解を深めるためにお役に立てば幸である。

　　令和７年３月

　　　　　　　　　　　　　　　　檜　垣　正　已

目　　次

総　則

1	地方自治の意義	2
2	憲法の保障する地方自治	4
3	地方自治制度の特徴	6
4	地方分権と地方自治制度	8
5	地方公共団体の意義	10
6	地方公共団体の種類	12
7	地方公共団体の区域と市町村合併	14
8	地方公共団体の事務	16
9	都道府県と市町村の関係	18
10	住民の意義及び権利義務	20
11	直接参政権	22
12	条例の制定改廃の直接請求	24
13	直接請求の手続	26
14	事務監査の請求	28
15	議員，長等の解職の請求	30
16	地方公共団体の権能	32
17	条例の意義	34
18	条例制定権の範囲と限界	36
19	条例の効力	38
20	条例の制定手続	40
21	規則	42

議　会

22	議会の位置付け及び役割	44
23	議会の組織	46

24	議員の兼職及び請負の禁止	48
25	議会の権限	50
26	議決権	52
27	財産の交換，譲渡等に関する議決	54
28	契約に関する議決	56
29	意見表明権	58
30	監視権	60
31	調査権	62
32	請願及び陳情	64
33	議会の招集及び開会	66
34	定例会・臨時会及び通年議会	68
35	委員会制度	70
36	議案の発案権	72
37	定足数の原則	74
38	会議公開の原則	76
39	過半数議決の原則	78
40	会期不継続の原則	80
41	会議の運営	82
42	議案の修正	84
43	予算の修正	86
44	議会の紀律	88
45	議員の懲罰	90
46	議会の解散	92

執行機関

47	長の地位	94
48	長の権限	96
49	長の職務の代理	98
50	長の権限の委任	100

51	補助執行 ……………………………………………	102
52	指揮監督権 …………………………………………	104
53	地方公共団体の事務所及び地域自治区 …………………	106
54	地方公共団体の組織 …………………………………	108
55	地方公共団体の行政機関 ……………………………	110
56	補助機関―職員 ……………………………………	112
57	会計管理者及び会計職員等 …………………………	114
58	附属機関 ……………………………………………	116
59	行政委員会制度 ……………………………………	118
60	長と行政委員会の協力関係 …………………………	120
61	行政委員会に対する長の調整権 ……………………	122
62	監査委員 ……………………………………………	124
63	外部監査制度 ………………………………………	126
64	人事委員会・公平委員会 ……………………………	128
65	教育委員会 …………………………………………	130
66	給与，費用弁償等 …………………………………	132
67	長と議会との関係 …………………………………	134
68	再議制度 ……………………………………………	136
69	専決処分 ……………………………………………	138
70	不信任議決と議会解散 ………………………………	140

財　務

71	予算の意義 …………………………………………	142
72	予算の原則 …………………………………………	144
73	予算の種類 …………………………………………	146
74	予算の内容 …………………………………………	148
75	予算の制定の手続 …………………………………	150
76	分担金，使用料，手数料 ……………………………	152
77	寄附及び補助 ………………………………………	154

78	収入の手続及び方法	156
79	支出の手続及び方法	158
80	決算	160
81	契約締結の方法	162
82	現金の保管	164
83	財産の意義及び種類	166
84	公有財産の管理及び処分	168
85	債権の管理	170
86	基金	172
87	住民監査請求及び住民訴訟	174
88	職員の賠償責任	176
89	公の施設の意義	178
90	公の施設の設置管理及び指定管理者制度	180
91	公の施設の利用関係	182

国と地方公共団体の関係等

92	国と地方公共団体の関係	184
93	国等の地方公共団体に対する関与	186
94	地方公共団体相互間の協力関係	188
95	事務の共同処理	190
96	指定都市及び中核市	192

特別地方公共団体等

97	都及び特別区制度	194
98	特別区の事務と財政調整	196
99	地方公共団体の組合	198
100	広域連合	200
101	財産区と地縁による団体	202

凡　例

法令名	略語
日本国憲法	憲法
地方自治法	法
地方自治法施行令	令
公職選挙法	公選法
地方財政法	地財法
地方公営企業法	公企法
地方教育行政の組織及び運営に関する法律	地教法
地方公務員法	地公法
市町村の合併の特例（等）に関する法律	合併特例法

試験・実務に役立つ！
地方自治法の要点

❶ 地方自治の意義

1 地方自治の観念

　地方自治とは，一般に，一定地域における地方的利害に関する事務はその地域の住民の意思に基づいて自主的に処理するという「住民自治」の要素と，国家の内部に国家とは別個の独立した地域団体の存在を認め，その団体に地方的事務を処理させるという「団体自治」の要素の二つから成り立つといわれる。

　住民自治は，地方の事務が地方の実情に即して住民の意思に基づいて運営されることであり，具体的には住民が自らの代表者を選び（間接民主制）あるいは自ら行政に参加する（直接参政）方式によって行われる。これは民主主義の要請に基づいて発達してきたもので，地方行政を中央政府が統制し処理する「官治」と対立するものである。一方，団体自治は，地方団体が国家から独立し，自主的権限によって，自らの事務を処理しようとするもので，中央集権と対立するものである。

　地方自治の概念は，近代国家においては，以上のように民主主義の原理に基づく住民自治と地方分権の原理に立つ団体自治の二つの要素を含むものであるが，どちらが重視されるかは各国の歴史的，政治的，社会的条件によって異なり，英米においては住民自治が，ヨーロッパにおいては団体自治の観念が中心となってきたといわれている。このような歴史的な条件等に基づく差異や特徴は，十分尊重されなければならないが，近代国家においては，この二つの要素があいまって，地方自治の観念を形成しているのである。

2 国家と地方自治

　地方自治の観念は，国家との関連においてはいわゆる「固有説」と「伝来説」として論じられることがある。

　固有説とは，地方自治の根拠をなす自治権は，国家から与えられたものではなく，地方団体に固有の権利であり，したがって地方団体は本来的に国家から独立し，固有の権能を有する存在であるとするいわば自然法的な

思想である。これに対して，伝来説とは，地方団体の存立及び自治権はその団体固有のものではなく，国家統治構造の一環として制度化され，国家の統治権から伝来するものとする思想である。

　この二つの考え方は，それぞれ歴史的意義を有しているが，近代国家においては，地方団体の自治行政は国家制度の重要な一部を構成し，その制度の中において国家から独立した自主的な地位を認められているのであり，国家と全く無関係には存在し得ないという意味において，伝来説が支配的な考え方である。このように，地方自治，とりわけそのなかの団体自治の制度的な根拠が国家統治権を基盤とすることが，地方自治のあり方を国家の政策にかからしめ，制約しているということができる。

3　憲法上の地方自治の本旨

　我が国の憲法は，第92条において，「地方公共団体の組織及び運営に関する事項は，地方自治の本旨に基いて，法律でこれを定める」としている。そして，これをうけて地方自治制度を定めているのが，地方自治法等である。したがって，我が国における地方自治の意義は，憲法にいう地方自治の本旨の内容によって規定されることになるが，これは，まさに住民自治と団体自治から成る地方自治の観念を意味するものとされている。

　また，憲法が地方自治に関する規定を設けていることによって，地方公共団体の存立及び自治権が国法たる憲法に由来することが明らかとされている。このことは，一面，地方自治が国家制度の一環をなすという限界があるにせよ，その内容はあくまで住民自治と団体自治の原則に立つべきものであることを保障し，単なる立法政策によって地方自治の内容を定めることを許さないことを意味している。

　このように我が国の地方自治は，住民自治と団体自治を内容とする地方自治の本旨が実現されるよう，憲法によって直接保障されているところに，大きな意義があるのである。

❷ 憲法の保障する地方自治

憲法92〜95

1 憲法による地方自治の保障

　日本国憲法は，地方自治に関して1章を設け，直接，地方自治の基本事項を定めるとともに，地方自治を保障している。このことは，地方自治のあり方が国の単なる立法政策に委ねられるものではなく，地方自治に関する制度はすべて憲法の保障する地方自治の趣旨に沿って定めなければならないことを意味するものであり，この点が，現行制度の基本をなしているのである。

2 地方自治の本旨

　地方公共団体の組織及び運営に関する事項は，地方自治の本旨に基づいて，法律でこれを定める（憲法92）。この規定は，地方自治に関しては法律をもって定めること，及びその立法は地方自治の本旨に基づくべきことを定めたものである。この規定をうけて，具体的に地方公共団体の組織及び運営すなわち地方自治制度について定めているのが，地方自治法等である。

　地方自治制度のいわば基本となるべき地方自治の本旨とは，我が国憲法において新たに地方自治に関する規定が設けられたこと及び各国における地方自治の歴史的意義から考えて，住民自治と団体自治の二つの要素から成る地方自治の観念を意味するものと解される。これは言い換えれば，一定地域における行政は，その地域の事務として，その地域の住民の意思に基づいて処理すべきであるということであり，その限りにおいて，国家からの独立性と自主性を有すべきことを意味している。

　地方自治の内容は，必ずしも固定的なものではなく，社会的，経済的条件の変化とともに変動するものであるので，それに伴って，住民自治及び団体自治の内容も流動的な面があるが，歴史的，社会的に形成された地域社会が地方公共団体として認められ，少なくとも，地方公共団体の存立及びその自治権は保障されているといえよう。

総 則 5

3 首長主義

地方公共団体には，法律の定めるところにより，その議事機関として議会が設置される（憲法93①）。この規定は，地方公共団体においては，住民を代表する意思決定機関を設けるべきこと，すなわち間接民主制の原則及び住民が自らの代表を通じて行政運営に当たる住民自治の原則を定めたものである。

議事機関である議会は，住民の代表機関として，地方公共団体の意思決定を行うが，憲法上，地方公共団体の長もまた住民の直接選挙によって選ばれる代表機関であり（憲法93②），このようないわゆる首長主義（大統領制）を採っていることが，現行地方自治制度の大きな特色である。

4 直接選挙の保障

地方公共団体の長，議会の議員及び法律の定めるその他の吏員は，その地方公共団体の住民が，直接これを選挙する（憲法93②）。

これは，いうまでもなく民主制の原則を示すものであり，また首長主義を定めるものであるが，長及び議員以外にどのような者を公選にするかは法律に委ねられている。

5 自治権の保障

地方公共団体は，その財産を管理し，事務を処理し，及び行政を執行する権能を有し，法律の範囲内で条例を制定することができる（憲法94）。これは，地方公共団体の自治立法権，自治行政権及び自治財政権を保障したものであるが，全体として，地方の事務は地方公共団体が自らの権限と責任において処理するという地方公共団体の自主性と団体自治の原則を保障するものである。

6 地方自治特別立法

一の地方公共団体にのみ適用される特別法は，法律の定めるところにより，その地方公共団体の住民の投票においてその過半数の同意を得なければ，国会はこれを制定することができない（憲法95）。この趣旨は，国の特別法による自治権の侵害を防止すること，地方公共団体の平等権を保障することであると解されているが，この対象となる地方自治特別法の概念が必ずしも明確ではなく，昭和20年代の半ば頃までに首都建設法等が制定されたが，昭和27年以降この例はない。

❸ 地方自治制度の特徴

1 地方自治制度の特色

　現行の地方自治制度は，昭和22年に制定され，同年5月，日本国憲法と同時に施行された地方自治法に基礎をおくものである。

　地方自治制度は，発足時には，まず民主化すなわち住民自治の実現を基本とし，さらに地方公共団体の自律性，自主性の強化及び行政の能率化と公正の確保を目指すものであった。その後，時代の変遷とともに数次にわたる改正を経て，地方公共団体の組織及び運営の合理化，能率化を図る方向で整備され，平成11年，地方分権の流れに沿って，地方公共団体の自主性，自立性を確保するため大幅な改正が行われた。したがって，地方自治制度の具体的内容は，その時々によって変化がみられるが，基本的な骨格あるいは特徴とされるのは次のようなものである。

2 直接参政制度

　地方自治制度の顕著な特徴の一つは，住民自治の強化の観点から，大幅な住民の直接参政制度が設けられていることである。

　地方自治制度も，原則として代表民主制の方式をとり，住民は，通常，長及び議会という代表機関を通じて行政運営に間接的に参画するが，住民自治の徹底を図るため，直接参政の手段が認められているのである。その方式は，憲法第95条の地方自治特別立法に対する住民投票のほか，直接請求，住民投票及び住民監査請求及び住民訴訟である。

　直接請求は，選挙権者が一定数以上の連署をもって，条例の制定改廃，長，議員の解職等を請求するものである。住民投票は，選挙以外に住民が直接，重要事項について意思決定するものである。また，住民監査請求及び住民訴訟はいわゆる納税者訴訟であり，職員の違法，不当な財政上の行為を是正する目的のものである。

3 首長主義

　地方公共団体の長及び議会の議員は，ともに住民の直接選挙によって選ばれる（憲法93②）。これは首長主義又は大統領制とよばれ，議会の議員

だけを住民が選挙で選び，その議会が長を選任するいわゆる議院内閣制と対比されるものである。

首長主義のもとにおいては，一般に，議決機関たる議会と執行機関たる長が，ともに直接住民を代表し，それぞれ明確に職務権限を分担し，その職務についてはそれぞれ住民に対して直接責任を負う。この点において，執行機関の存立が議会の信任を基礎とし，議会が最高の意思決定機関とされる現行国家制度のような議院内閣制とは基本的に性格を異にする。

首長主義は，長と議会が行政運営にあたってはあたかも車の両輪のように協力することを期待するとともに，相互牽制によって，独断専行を防ぎ，公正かつ民主的な行政を図ろうとするものである。そして，現行制度では，両者の間に意見の対立が生じた場合においては，その対立を調整する手段を双方に与えるとともに，最終的には議会による長の不信任議決，長による議会解散によって住民の意思に基づく解決が図られる。

首長主義は，執行機関と議会の相互牽制によって公正な行政運営が行われること，長の任期中その地位を保障することにより行政執行の安定性が確保されるという長所がある反面，長と議会とが対立した場合には行政運営に支障をきたすという短所が指摘される。これは，議院内閣制の場合には全く逆の長所，短所とされる。

4　行政委員会制度

地方公共団体の執行機関としては，長のほか選挙管理委員会，監査委員，教育委員会などの委員会又は委員，いわゆる行政委員会が置かれ，執行機関の多元主義がとられている。

行政委員会とは，政治的中立性，専門技術性あるいは民意反映，利害調整の必要性という目的のために，長から独立の合議制機関を設け，これに行政権の一部を分担させるものである。それは，行政の民主化の要請に基づくものといえる。

国においては，行政権は内閣に属し（憲法65），原則としてすべての行政機関が内閣の統轄の下におかれるが，地方公共団体においては，行政委員会は長から独立した権限を与えられており，地方制度の大きな特徴となっている。

❹ 地方分権と地方自治制度

自治法1の2，2

1　地方分権と制度改正

　近年，地方自治に対する認識が深まるとともに，社会経済情勢の変化とこれまで日本を支えてきた行財政システムの見直しのなかで「地方の時代」や地方分権の動きが具体化し，平成11年，「地方分権の推進を図るための関係法律の整備等に関する法律（いわゆる地方分権一括法）」が成立し，平成12年4月から施行された。これにより，地方自治制度の画期的な改正が行われた。

　この制度改正の基本的考え方は，地方分権の推進は，国と地方公共団体とが共通の目的である国民福祉の増進に向かって相互に協力する関係であることを踏まえつつ，地方公共団体の自主性及び自立性を高め，国及び地方公共団体が分担すべき役割を明確にし，住民に身近な行政をできる限り身近な地方公共団体において処理することを基本とするものである。

　その後も更なる地方分権改革が進められ，平成23年いわゆる地域主権改革関連3法が成立し，地方自治法の改正，義務付け，枠付けの見直し，国と地方の協議の場の設置等が実現した。

2　地方公共団体の役割と国の配慮

　国と地方公共団体の役割分担について，地方公共団体は住民の福祉の増進を図ることを基本として，地域における行政を自主的かつ総合的に実施する役割を広く担うこととされている（法1の2）。

　そして，この趣旨を達成するため，国は国際社会における国家としての存立にかかわる事務，全国的に統一して定め又は全国的な規模で行わなければならない施策及び事業の実施その他の国が本来果すべき役割を重点的に担い，住民に身近な行政はできる限り地方公共団体にゆだねることを基本としている（法1の2②）。

　また，国が地方公共団体に関する法令を制定しまた解釈運用するに当たっては，地方自治の本旨に基づき，かつ，国と地方公共団体との適切な役割分担を踏まえたものであるよう配慮しなければならない（法2⑪，⑫）。

総　則　9

　さらに，自治事務については，国は地方公共団体が地域の特性に応じて当該事務を処理することができるよう特に配慮しなければならない（法2⑬）。

3　地方自治制度の主要な改正点

　平成11年の地方自治法の改正のなかで最も重要なものは，機関委任事務の廃止とこれに伴う地方公共団体の事務の再構成である。

　地方分権の目的は地方公共団体の自主性，自立性の確立であり，地域住民の自己決定，自己責任の拡大である。このため，知事及び市町村長を国の機関として国の事務を処理させる機関委任事務の制度を廃止し，これにより，国と地方公共団体，都道府県と市町村の関係を上下・主従でなく対等・協力の関係に再構成することとされたのである。

　機関委任事務は国の事務でありながら地方公共団体の事務の大きな部分を占め，知事，市町村長などは国などの指揮監督を受ける下級官庁とされ，また，議会の関与の対象から除外されるなど地方公共団体の権限を制限し，自治権に対する大きな障害であることが指摘されてきた。

　地方自治法の改正により，機関委任事務が廃止されるとともに，これに伴って，地方公共団体の事務は「自治事務」と「法定受託事務」の2つに区分され，この事務の区分に伴って，地方自治制度の全般にわたって事務処理などについて再構築が行われている。

　第2に，地方公共団体に対する国又は都道府県の関与のあり方について，法定主義の原則，一般法主義及び公正・透明の原則に基づいて新しい制度等が定められている。

　その後，平成23年及び24年の地方自治制度改正では，議会の権能の強化が図られたほか，直接請求の要件緩和など地方分権を推進する方向の改正がされた。さらに平成26年には指定都市，中核市など大都市制度に関する改正が行われ，平成29年には内部統制や監査制度の強化などを図る自治法改正が行われた。

　なお，地方分権と並んで地域主権という用語が使われることがある。これは，地方分権がややもすれば地方自治体への権限や財源の移譲を進める団体自治の推進を意味するのに対して，地域については住民が自らの判断と責任において決定する住民自治を強調するものといえよう。

❺ 地方公共団体の意義

自治法1の3，2

1 地方公共団体の意義

　地方公共団体とは，現行制度上，地方自治法第1条の3に規定されている都道府県及び市町村という2種類の普通地方公共団体と特別区，地方公共団体の組合及び財産区という3種類の特別地方公共団体を総称するものである。地方自治法は，地方公共団体に関しては，法人とする旨だけを定めているが（法2①），その性格は，一定の地域を基礎とする公共団体であり，国家と同じように，地域，住民及び自治権の3要素によって構成されるものである。

　地方公共団体は，まず，公共団体として，公共的事務を行うことを目的とするものであり，この点において，私法人と異なる。具体的には，国から独立して，公共の目的のために，公権力の行使を認められた団体であり，国家行政の一環として，公の行政主体となるものである。

　次に，地方公共団体は，地域団体として，国の下に，国の領土の一部及びその区域内の住民を構成要素とし，国の認める範囲内の支配権を有する団体である。地方公共団体は，その区域に関しては，包括的な行政権を付与されている点において，特定目的のために設立された公共団体とは異なっている。

　また，地方公共団体が公法人として，法人格を与えられているのは，それが国とは独立の存在として，自ら公法上，私法上の権利義務の主体となり，自らの権能と責任に基づいて，行政を行うことを保障する趣旨によるものである。

　以上は，地方公共団体の一般的意義であるが，同じ地方公共団体のなかでもその種類によって性格を異にする。とくに，特別地方公共団体である地方公共団体の組合は，複数の地方公共団体で構成されるため，複合的地方公共団体といわれる。

2 憲法上の地方公共団体

　憲法は，地方自治に関して規定しているが，それらがどの地方公共団体

に適用されるかについては，規定の趣旨及び地方公共団体の性格によって，差異が認められる。

まず，憲法第92条は，地方公共団体に関する事項は地方自治の本旨に基づいて定めるべきことを規定している。これは，住民自治と団体自治を意味するものであるが，地方自治制度の基本原則を定めたものである以上，すべての地方公共団体に適用されるべきものと考えられる。

次に第93条は，地方公共団体に議事機関として議会を設置すべきこと，また長及び議員は住民の直接選挙によって選任すべきことを定めるが，ここでいう地方公共団体とは普通地方公共団体のみを意味し，特別地方公共団体を含まないと解するのが通説，判例である。すなわち，この規定は住民自治を保障するものであるが，この住民自治を実現すべき地方公共団体は，「事実上住民が経済的文化的に密接な共同生活を営み，共同体意識をもつているという社会的基盤が存在し，沿革的にみても，また現実の行政の上においても，相当程度の自主立法権，自主行政権，自主財政権等地方自治の基本的権能を附与された地域団体であることを必要とする。」（昭38.3.27最高裁）とされ，一般に，特別地方公共団体はこの対象から除外されているのである。

第94条は地方公共団体の自治権を保障したものであるが，一般的な自治権は，地域共同体としての実体を備えた地方公共団体に保障されるべきものであり，第93条の場合と同様と解される。

第95条の地方自治特別立法に関する規定は，国の特別法による地方自治権の侵害を防止すること，地方行政における民意を尊重すること等を保障するものであり，すべての地方公共団体に適用されるべき性格のものと考えられる。

以上のように憲法第8章の各条項中における地方公共団体の意義及び範囲にも差異がみられるが，住民の共同体意識及び共同体たる社会的実体を基礎とすべき地方公共団体としては，一般に都道府県及び市町村が該当し，特別区がこれに準ずる地位にあるといえよう。

❻ 地方公共団体の種類

自治法1の3，合併特例法26，27

1　地方公共団体の区分

　地方自治法は，地方公共団体を大きく普通地方公共団体と特別地方公共団体に区分している（法1の3①）。普通地方公共団体は，その目的，組織，権能等が一般的かつ普遍的な団体であり，都道府県及び市町村がこれに該当する。一方，特別地方公共団体とは，特定の目的のために設けられたものであり，その組織，権能等も特殊な団体である。特別区，地方公共団体の組合及び財産区がこれである。地方開発事業団は平成23年法改正により廃止された。なお，市町村合併による合併特例区も特別地方公共団体とされている。

2　普通地方公共団体

　①二層制の問題　　　普通地方公共団体は，都道府県及び市町村である。いずれも，法制上の地方公共団体というだけではなく，実態，性格等に程度の差があるとはしても地域共同体としての性格を多かれ少なかれ有している。また，ともに全国に普遍的に存在する団体として，都道府県が市町村を包括するいわゆる二層制をとっているのが特色である。

　都道府県と市町村の二層制が憲法の保障するものかどうか，すなわち都道府県と市町村はともに憲法上の地方公共団体に該当するかどうかは，いわゆる府県廃止論，道州制論等と関連して論じられたものであるが，都道府県及び市町村のいずれもが憲法上の地方公共団体に当たり，原則的に二層制が保障されているとする見解が有力である。

　②都道府県　　　都道府県は，市町村を包括する広域的な地方公共団体である。このうち道府県は，沿革的な理由に基づいて名称が異なっているが，法的性格は全く同じである。これに対して，都は特別区及び市町村を包括する広域的団体として，府県と共通の性格を有するとともに，大都市を含む地域に適用される制度である点に大きな特徴を有している。現在，都制をしいているのは東京だけであるが，制度上は，他の府県を都とすることも可能である。

総　則　*13*

　③**市町村**　　　市町村は基礎地方公共団体として共通性を有するが，主
として規模の違いに応じて，若干取扱いに差が認められている。
　ア　指定都市　人口50万人以上の市で政令で指定するものは，事務配分
の特例として，府県の事務の一部を処理する権能を認められ，また，府県
の監督を受けない等の特別の取扱いが認められている（法252の19）。
　イ　中核市　人口20万人以上で，かつ，一定の要件を備えた市で政令で
指定するものは，事務配分及び行政監督の特例として，指定都市に準じた
権能が認められている（法252の22）。
　ウ　市　人口5万人以上で，かつ，一定の要件を備えたものであり，町
村より規模の大きいことに基づいて若干異なる取扱いがされる場合がある。
　エ　町村　町は，都道府県の条例で定める要件を備えなければならない
ので，一般に村より規模が大きいが，性格は同じである。
3　特別地方公共団体
　①**特別区**　　　特別区は，都に置かれ，実質的には市町村と同じく基礎
的地方公共団体であるが，大都市を構成しているという特殊性，及び大都
市行政の一体性を確保するため，権限の一部を制限され，あるいは都に
よって調整される団体である（法281，281の2）。
　②**地方公共団体の組合**　　　地方公共団体の事務の一部を共同で処理す
るために，複数の地方公共団体が構成する複合的地方公共団体である。こ
れには，共同処理する事務の内容により，一部事務組合及び広域連合があ
る（法284）。
　③**財産区**　　　市町村又は特別区の一部が，沿革的にあるいは町村合併
等の際の協議により財産を有し又は公の施設を設けている場合，その管
理・処分を目的として認められた団体である（法294）。
　④**合併特例区**　　　市町村の合併に際し，一定期間，1又は2以上の関
係市町村の区域を単位として設けられる団体である（合併特例法26）。

❼ 地方公共団体の区域と市町村合併

自治法5，6，7，8の2，9，9の3，合併特例法

1 区域の意義

　地方公共団体の区域は，自治権，住民とともに地方公共団体を構成する要素であり，自治権のおよぶ地域的範囲を画し，住民の資格たる住所の存する地域を限定するものである。

　地方公共団体の区域は，陸地だけでなく，その区域内にある河川，湖沼等の水面及び陸地に接続する海面を含み，また，地表のみならず上空及び地下を含む。

　地方公共団体の区域に関して，地方自治法では地方公共団体の廃置分合及び境界変更ならびに境界確定の手続等を定めている。

　廃置分合とは地方公共団体の新設又は廃止を伴う区域の変更であり，合併，編入，分割，分立がある。境界変更とはそのような法人格の変動を伴わないものである。いずれも区域に関するものであるが，市町村の規模の適正化が図られている（法2⑮，8の2）。

2 廃置分合等の手続

　市町村の廃置分合又は境界変更及び境界確定は，関係市町村の申請に基づき，都道府県知事が当該都道府県の議会の議決を経てこれを定め，総務大臣に届け出ることとされている。この申請にあたっては，関係地方公共団体の議会の議決が必要である。

　そして，廃置分合又は境界変更は，総務大臣の告示によって，効力を生ずる。これが基本である（法7①，⑥，⑧）。

　都道府県の廃置分合又は境界変更は，法律でこれを定めることとされているが（法6①），都道府県の合併については特別の定めが設けられている（法6の2）。

3 市町村の合併

　①合併促進の動き　　　近年，市町村合併が進められてきた理由は，第1に交通手段の発達等により社会的，経済的な活動が広域化し生活圏が拡大したという社会的要因と，第2に地方分権の流れのなかで介護保険を始

総　則　*15*

めとする少子高齢社会のニーズや地域振興等に的確に応えるために市町村の行財政能力を強化するという行財政運営の効率化の要請があげられる。

このような背景のもとに，「市町村の合併の特例に関する法律」（平成17年3月までの限時法）及び平成17年施行の合併特例法（22年3月までの限時法）により合併が推進され，平成11年3月に3,232であった市町村が23年12月には1,719に減少することになった。

②**合併の特例**　　　平成17年までの特例法は市町村の合併に伴って生じることの多い問題に対応するため，合併後の議員の任期，定数の特例，地方交付税，地方債の特例措置等を定め合併を容易にし，促進してきた。

合併の手続として，合併しようとする市町村は合併協議会を置くものとされているが，その設置については住民の発議が認められ，さらに住民投票によって合併協議会設置を決定する方途等が認められた。

平成17年4月からは新しい合併特例法が施行され，合併特例債等財政的な優遇措置を除き，ほぼ従来と同じ特例措置が定められているが，その他合併特例区の設置等が定められた。

合併関係市町村は，合併に際し，一定期間，関係市町村の区域であった区域ごとに地域審議会を置くことができるとされているが，新たに1又は2以上の関係市町村の区域を単位として，合併特例区を設けることができることとなった（合併特例法26以下）。また，一般的に市町村に認められている地域自治区についても特例が認められている（合併特例法23以下）。

この間，合併推進のための方策として総務大臣は市町村の合併を推進するための基本指針を策定し，都道府県知事は合併協議会設置の勧告を行うことができる等の方策が定められていた。

③**自主的合併の支援**　　　平成11年以来，国主導で推進されてきた市町村合併は10年を経過し，合併も相当進んだこと，合併後の課題もあること等により，一区切りとされ，合併特例法の期限である平成22年3月をもって国及び都道府県の積極的関与は廃止された。

これ以降，市町村の自主的な合併を国及び都道府県が支援することになる。

16

❽ 地方公共団体の事務

自治法 2, 148

1 事務の区分の意義

　地方公共団体の事務は，実施主体，事務の性質等いろいろの観点から分類することができるが，従来，固有事務，団体委任事務及び行政事務に区分され，その区分に応じて取扱いに差異が設けられていた。さらに，これらの地方公共団体の事務のほか，地方公共団体の長は「法律又はこれに基く政令によりその権限に属する国，他の地方公共団体その他公共団体の事務」すなわち機関委任事務を管理執行するものとされていた。

　現在の地方自治制度においては，機関委任事務の制度が廃止されるとともに，従来の事務の3区分もなくなり，「普通地方公共団体は，地域における事務及びその他の事務で法律又はこれに基づく政令により処理することとされるものを処理する」とされ（法2②），また，「普通地方公共団体の長は，当該普通地方公共団体の事務を管理し及びこれを執行する」と規定し（法148），地方公共団体の事務についての基本的な考え方と構成を明らかにしている。

　そして，地方公共団体の事務の区分については「この法律において『自治事務』とは，地方公共団体が処理する事務のうち，法定受託事務以外のものをいう」（法2⑧）と定義している。これによって，地方公共団体の事務は，従来の機関委任事務を含めて，すべて自治事務と法定受託事務に大別されることになったのであるが，自治事務が本来的に地方公共団体の事務であるのに対して法定受託事務は本来は国又は他の地方公共団体の事務であるという性質の差異によって，地方公共団体の権能や事務処理のあり方に異なった取扱いがされている。

2 自治事務と法定受託事務

　①自治事務　　　　自治事務は，いわゆる包括的，一般的な地方公共団体の事務を示すものであるが，法律上は，法定受託事務以外のものとされているので，実定法上は法定受託事務の定義を明確にする必要がある。

　②法定受託事務　　　　法定受託事務とは，地方自治法第2条第9項によ

り，「法律又はこれに基づく政令により都道府県，市町村又は特別区が処理することとされる事務のうち，国が本来果たすべき役割に係るものであつて，国においてその適正な処理を特に確保する必要があるものとして法律又はこれに基づく政令に特に定めるもの（第1号法定受託事務）」とされ，さらに「法律又はこれに基づく政令により市町村又は特別区が処理することとされる事務のうち，都道府県が本来果たすべき役割に係るものであつて，都道府県においてその適正な処理を特に確保する必要があるものとして法律又はこれに基づく政令に特に定めるもの（第2号法定受託事務）」と定義されている。

　③**事務の区分による取扱い**　　　自治事務と法定受託事務は，ともに地方公共団体の事務であるが，その性格の差異によって，法定受託事務については，各大臣は地方公共団体の長が事務処理をするに当たりよるべき基準を定めることができるなど（法245の9①，③），異なる取扱いがされている。

　また，法定受託事務についての審査請求や地方公共団体に対する国又は都道府県の関与等について，自治事務と法定受託事務では異なる措置がとられることになっている（法245以下）。

3　情報システムの利用

　第33次地方制度調査会による新型コロナウイルス感染症による危機がもたらした社会の急激な変化への対応とともに社会全体におけるデジタル・トランスフォーメーション（DX）の進展を踏まえて令和6年に情報システムに関する1章が新たに設けられた。地方公共団体は事務処理にあたって，情報システムを有効に利用するとともに国，他の地方公共団体と協力して情報システムの利用の最適化を図らなければならない。また，サイバーセキュリティの確保，個人情報の保護を図るために必要な措置を講じなければならない（法244の5）。

　デジタル技術はこれまで主に財務会計事務や住民サービスに活用されてきたが，さらに地方公共団体の業務改革を進めるため国，地方公共団体間で広域的，全国的な情報インフラやアプリケーションの整備が必要であることを示すものである。

18

⑨ 都道府県と市町村の関係

自治法2③, ⑤, ⑥, ⑯

1 一般的関係

　我が国の地方自治制度は, 全国にわたる普遍的, 一般的な地方公共団体として都道府県及び市町村を設け, いわゆる二重構造をとっている。都道府県及び市町村は, ともに普通地方公共団体として, 法的には対等協力の関係にあり, その間に上位下位の関係はない。しかし, 市町村は基礎的な地方公共団体として, 都道府県は国と市町村の中間に位置する市町村を包括する広域の地方公共団体として, その規模, 性格等を異にしていることから, 地方自治法上, 両者はそれぞれ機能を分担し, 相互に協力しながら地方自治の実現に当たるべきこととされている。

2 事務の配分

　都道府県及び市町村は, その事務を処理するに当たっては, 相互に競合しないようにしなければならないが（法2⑥）, 事務分担の基準としては, まず市町村が基礎的地方公共団体として, 一般的に地域的事務を処理し, 都道府県は広域的地方公共団体としての事務を処理することとされている（法2③, ⑤）。すなわち, 事務処理に関しては, 市町村優先の原則がとられている。

　市町村が基礎的な地方公共団体であるというのは, それが住民に最も身近な第一次的地域団体であることを意味し, そのために, 住民の日常生活に直接関係する事務を包括的に処理すべきこととされているのである。具体的な事務としては, 道路, 公園, 上下水道等の生活環境の整備, 小中学校, 図書館, 福祉施設等各種施設の設置管理, 清掃等のサービス提供が典型的な例である。

　これに対して, 都道府県は市町村を包括する広域の地方公共団体として, 市町村で処理するのが適当でない①広域的, ②市町村の連絡調整的な事務, ③一般の市町村が処理することが不適当と認められる程度の規模又は性質の事務（補完事務）を担当する（法2⑤）。広域的事務とは, 全県的あるいは数市町村にわたる事務であり, 地方の総合開発計画の策定, 治山治水

事業，道路，河川の建設等がその例である。市町村に関する連絡調整事務とは，都道府県が国と市町村の中間にある地域団体であり，また市町村に対する指導的地位にあることによる事務であり，国と市町村の連絡，市町村に対する指導助言等がこれに当たる。次に，補完的事務というのは，一般の市町村が処理するのは能率，経済性等の面から不適当と思われる規模の事務のことであり，高等学校，試験研究機関の設置，産業振興等がこれに属する。この種の事務は，市町村が処理することが困難又は不適当な場合に都道府県が処理すべきものとされているのが特徴である。

3 事務処理の調整

　都道府県と市町村は対等の地位に立つ地方公共団体であるが，都道府県は市町村を包括する広域団体であるから，この立場に基づいて市町村の事務処理等に一定の制約を加える等調整する方途が認められている。

　まず一般的に，市町村は都道府県の条例に違反して事務を処理してはならないが（法2⑯，⑰），これは，事務の重複と矛盾を避けることを目的とするものである。従来，いわゆる行政事務の処理に関して，都道府県は市町村の行政事務に関し条例で必要な規定を設けることができたが（統制条例），この制度は廃止された。

　また，市町村の廃置分合，境界変更は，都道府県知事が議会の議決を経て定め（法7①），市又は町となる要件は法律で定めるほか都道府県の条例で定められ（法8①，②），町村を市とし，村を町とする処分も都道府県知事が議会の議決を経て行うこととされている（法8③）。

4 条例による事務処理の特例

　都道府県は，知事の権限に属する事務の一部を，条例の定めるところにより，市町村が処理することとすることができる。この条例の制定改廃は，予め市町村長と協議しなければならない（法252の17の2）。

5 法定受託事務に関する関係

　法定受託事務に関しては，都道府県知事と市町村長は自治事務とは違った関与を受けることになる。

❿ 住民の意義及び権利義務

自治法10

1 住民の意義

　市町村の区域内に住所を有する者は，当該市町村及びこれを包括する都道府県の住民とする（法10①）。住民は市町村の区域内に生活の本拠を有するという事実があれば，法律上当然に住民たる資格を取得する。それは，住民登録等の公証的行為の有無を問わず，また，日本国民たると外国人たるを問わず，自然人たると法人たるを問わず，自然人の場合，その人種，性別，年齢の如何を問わない。一般に，住所とは生活の本拠を意味し，民法上，一定の地を生活の本拠とする意思とその地に常住するという客観的事実をもって，住所を認定するのが例であるが，公法関係においては，常住するという事実が重視され，また，住所は一か所に限られるのが原則である。法人の場合においては，主たる事務所の所在地又は本店の所在地を指すものと考えられる。また，外国人であっても，住民たる資格に変わりはないが，個々の法令等においては日本国民と外国人を区別している場合があり，特に参政権については日本国民たる住民に限られる場合が多い。

　住民の意義は，まず地方公共団体の構成員として，その支配に服するとともに，その団体の運営に参加し，そのサービスを受ける権利を有するという点にある。

2 住民の権利義務

　住民の権利義務は，法律，条例等の定めるところによるが，一般に，その属する地方公共団体の役務の提供を等しく受ける権利を有し，その負担を分任する義務を負う（法10②）。このほかの住民の権利としては，参政権が最も重要なものである。

　①住民の権利　　　ア　役務の提供を受ける権利　役務の提供というのは，各種の公の施設を設けて利用に供するほか，住民に対して金銭的扶助，資金貸付その他諸々のサービスを提供することであり，住民はそれらのサービスを等しく享受する権利を有するのである。これらのサービスは，必ずしもその地方公共団体の住民だけが受けるものではなく，例えば，交

通事業，道路，学校等のように住民以外の者が利用し得る場合が少なくないが，その地方公共団体の住民はその住民たる資格によって当然にサービスの提供を受けることができ，その権利が平等に保障されるところに意義があるのである。なお，具体的にどのようなサービスを受ける権利があるかは，個々の法律，条例等によって定められるものであって，この規定によって直接住民の具体的権利や請求権が発生するものではない。

イ　参政権　住民は，地方公共団体の構成員として，地方公共団体の運営に参加する権利を有する。

住民の参政権の最も基本的なものは，選挙権であり，日本国民たる住民は，地方自治法の定めるところにより，その属する地方公共団体の選挙に参与する権利を有する（法11）。これは，選挙する権利と選挙される権利の双方を含み，長及び議員の選挙がこれに当たるが，具体的な事項は公職選挙法によって定められている。

次に，日本国民たる住民は，直接参政権として，条例の制定改廃，事務監査，議会の解散，議員，長等の解職の直接請求をすることができる。これらは，いずれも選挙権を有する者に認められた権利で，代表制民主主義の欠点を是正する目的で設けられた直接的民主主義の方式である。

また，直接請求以外の直接参政制度としては，地方自治特別立法に関する住民投票（憲法95）と住民監査請求及び訴訟の制度がある。前者は選挙と同じ要件を必要とするが，住民監査請求及び訴訟は，選挙権の有無，個人たると法人たるを問わず，日本人たると外国人たるを問わず，地方公共団体の区域内に住所を有するすべての住民に認められる権利であるところに特徴がある。

②**住民の義務**　住民は，地方公共団体の負担を分任する義務を負うが，これは地方自治の原則に従い，地方公共団体の運営に必要な経費は住民が負担すべき原則を定めたものである。この負担としては，地方税が基本であるが，そのほか分担金，使用料，手数料その他の公租公課が含まれる。その具体的内容については，個々の法律，条例によって定められている。

⑪ 直接参政権

自治法12，13，74以下

1 直接参政権の意義

　現行地方自治制度の顕著な特色の１つは，直接参政の制度を大幅にとり入れていることである。地方自治制度は，民主主義を基本原理とし，憲法でいう地方自治の本旨を実現することを目的とするものであるが，その政治形態は原則として，住民が代表者を選挙し，その代表者を通じて政治に参加するという間接（代表）民主制をとっている。本来，民主主義の実現という面からみれば，住民全員がその属する団体の運営に直接参画する直接民主制が，政治形態としては理想的かもしれないが，団体の規模が大きくなり，社会的分業が進むにしたがって，直接民主制をとることは不可能になり，近代的な国家及び地方公共団体においては，原則として間接民主制がとられているのである。我が国においても，国，地方公共団体ともに，その政治は国民又は住民が直接選挙によって選んだ代表者に委託して行うのが原則であり，この意味において，住民の参政権の基本はいうまでもなく選挙権である。

　しかしながら，間接民主制のもとにおいて，住民の選挙によって選ばれた代表機関が常に住民の意思を正確に代表するとは限らず，また，特に重要な問題については，改めて直接住民意思に基づく意思（政策）決定をすることが，民主主義の原則にかなうものであるのはいうまでもない。このように間接民主制の欠陥を是正し，住民の意思をより正確に直接政治に反映させるために設けられているのが直接参政制度である。

2 地方公共団体における直接参政制度

　現行制度のもとにおける直接参政制度としては，国レベルにおいては憲法第96条に規定する憲法改正の国民投票（日本国憲法の改正手続に関する法律）及び第79条の最高裁判所裁判官の国民審査があるにすぎないが，地方公共団体にあっては，憲法第95条に規定する地方自治特別立法に関する住民投票のほか，地方自治法その他によりきわめて広範な直接参政の方途が講じられている。

総 則 *23*

　地方公共団体において，大幅に住民の直接参政権が認められているのは，まず第1に地方自治の本旨とりわけ住民自治を実現するためであり，第2には地方公共団体が住民の身近な団体として住民意思をより強く正確に反映すべきであり，第3に地方公共団体がその規模，性格からみて直接参政制度になじみ易いと考えられるからである。

　実際にも，住民意識の高まりや住民運動の活発化に伴って，各種の直接参政権が行使されている。ただ，現行の直接参政制度の要件は，都道府県及び市町村を通じて画一的に定められているため，人口規模等によりその行使の難易に差があり，都道府県や大都市ではその権利を十分に活用するのが困難な状況にあるといわれている。

3　直接参政の種類

　現行の直接参政の方式は，直接請求，住民投票及び住民監査請求・訴訟の3種類である。

　①**直接請求**　　　直接請求は，選挙権者が一定数以上の連署をもって，一定の措置を請求するものである。これには，①条例の制定改廃の請求，②事務監査の請求，③議会の解散請求，④議員，長及び主要公務員の解職の請求の4種類がある。直接請求は，いずれも選挙権者に認められた権利であるが，それ自体は直接意思決定をするものではなく，議会又は住民投票による意思決定等を行うための最初の手続となるものである。その手続，要件，効果等は，地方自治法等に定められている（法74以下）。

　②**住民投票**　　　住民投票とは，特定の案件に関して住民が直接賛否の意思表明を行い，その結果により意思決定をすることである。この制度として，憲法第95条による地方自治特別立法に対する住民投票と直接請求に基づく住民投票がある。なおこのほか，地方自治体が独自に条例により住民投票を実施することがある。

　③**住民監査請求及び訴訟**　　　住民による監査請求及び訴訟は，いわゆる納税者訴訟と呼ばれるものであり，違法，不当な公金の支出等を防止又は是正する目的のものである。これは，選挙権の有無に関係なく，住民たる資格に基づいて与えられた権利であり，また，直接参政の方式であると同時に，財政運営の公正を確保するための手段でもあるところに特徴がある（法242）。

24

⓬ 条例の制定改廃の直接請求

自治法12, 74

1 意 義

　日本国民たる地方公共団体の住民は，その属する地方公共団体の条例（地方税の賦課徴収並びに分担金，使用料及び手数料の徴収に関するものを除く。）の制定又は改廃を請求する権利を有する（法12①）。条例の制定改廃の直接請求は，住民が自ら作成した条例案を議会に提案することを認めたものである。

　条例の制定改廃は，地方公共団体の最も重要な意思決定であり，長又は議員の提案に基づいて，議会において議決されて成立するのが原則である。したがって，住民の要望や意向は長又は議員を通して，長提案又は議員提案の条例として議会の審議に付されるのが通常であるが，住民が積極的に自ら条例を制定改廃しようとする場合に，議会による意思決定という基本を変えることなく，住民に条例制定過程に参加する権能を認めたところに，この制度の意義がある。

　条例の制定改廃の直接請求は，住民に対して条例案の作成とその議会への提出を認めたものではあるが，議会提出後は一般の条例制定の手続に従うことになり，審議手続，議決等に関して議会を拘束することはない。したがって，住民から条例の制定改廃の直接請求がなされた場合においても，その条例案は原案どおり成立することもあり，修正可決されることもあり，また，否決されることもある。ただ，条例は団体意思として政策決定の機能を果すものであるから，住民の要望が直接議会で審議され，結論がだされるところに大きな意義があるといえる。

2 条例の規定事項

　直接請求の対象となる条例は，まず，地方公共団体の条例の一般的要件として，地方公共団体の事務に関し，法令に違反しない内容のものでなければならない（法14①）。次に，更に地方税の賦課徴収並びに分担金，使用料及び手数料の徴収に関する条例は，直接請求の対象とすることができないこととされている（法12①）。これは，地方税等の住民負担に関する

条例は，その負担を軽減するために制定改廃が請求されることが多く，その乱用は地方公共団体の存立を危うくするおそれがあるために，制限されたものである。

条例の制定改廃の直接請求でしばしば問題になるのは，その条例の内容が法令に違反するか否か，また，違反するものである場合どのように取り扱うかということである。これは，長が直接請求代表者に対して，条例案の内容によっては，代表者証明書の交付を拒否することができるのかという問題として議論されたものである。この問題について，判例は東京都練馬区におけるいわゆる区長準公選条例に関連して，「条例で規定しえない事項又は条例の制定（改廃）請求をなしえない事項に関するものであることが一見極めて明白で，条例としての同一性を失わせない範囲で修正を加える可能性がなく，条例制定（改廃）請求制度を利用させるに値いしないと認められるような場合は格別，そうでない場合には，代表者証明書の交付申請を受けた長は，当該条例案の内容の適否を審査する権限を有せず，その判断によれば条例事項でないと認めるときでも，それを理由として代表者証明書の交付を拒否することは許されない。」としている（昭43.6.6東京地裁）。これは，条例の制定改廃の直接請求が直接参政権として認められた趣旨から考えて，長の判断によって軽々に住民の権利行使を制限すべきでないこと，及び直接請求された条例案は議会における審議の過程で修正され，仮に瑕疵があったとしても是正される可能性があることによるものと思われる。

3　条例の制定改廃の手続

条例の制定改廃の直接請求の手続は，各直接請求と共通である。そして，直接請求がなされた場合，長は直ちにその請求の要旨を公表するとともに，請求を受理した日から20日以内に議会を招集して，意見を付けて，これを議会に付議しなければならない（法74②，③）。その後は，一般の条例制定手続によることになる。ただし，直接請求された条例案は，議会の審議が終了しないままに会期が終った場合においても，一般の条例案の場合とは異なり，改めて直接請求の手続をとる必要はなく，議会において可決又は否決の意思決定をするまで審議が継続されることになる。

⓭ 直接請求の手続

自治法74，74の2

1 直接請求の性質

　現行制度上，直接請求制度としては条例の制定改廃，事務監査，議会の解散及び議員，長及び主要公務員の解職の請求の4種類があるが，この直接請求はいずれも選挙権を有する者の権利であり，また，個々の選挙権者が各々権限を行使し得るのではなく，一定数以上の者が共同して行ういわゆる公法上の合同行為の性質を有する。

　直接請求の手続は，若干の要件を除き，大部分が共通であるので，地方自治法は条例の制定改廃の請求の手続のみを定め，その他の請求についてはこれを準用することとしている。したがって，条例の制定改廃の直接請求に則して，直接請求の手続を述べれば，概ね次のとおりである。

2 条例の制定改廃の請求の手続

　①請求代表者証明書の交付　　条例の制定改廃の請求をしようとする代表者は，まず，その請求の要旨（1,000字以内）その他必要な事項を記載した条例制定改廃請求書及び条例案を添えて，長に対し，文書をもって条例制定改廃代表者証明書の交付を申請しなければならない（令91①）。この申請があった場合，長は選挙管理委員会に対し，その請求代表者が選挙人名簿に登録された者であるかどうかの確認を求め，その確認があったときは，代表者証明書を交付し，かつ，その旨を告示しなければならない（令91②）。選挙権を有しない者，選挙管理委員会の委員等は直接請求の代表者になることができない（法74⑥）。

　②署名の収集　　請求代表者は，署名簿に条例制定改廃請求書及び代表者証明書を付して，選挙権を有する者の署名，押印を求めなければならない（令92①）。この署名の収集は，選挙権を有する者に委任することができる（令92②）。署名を収集することのできる期間は，代表者証明書交付の告示のあった日から都道府県及び指定都市にあっては2ヵ月以内，市町村にあっては1ヵ月以内である（令92③）。なお，その地方公共団体の区域内で国会，地方公共団体の議会の議員及び長の選挙が行われる場合に

おいては，一定期間，署名の収集が制限される（法74⑦，令92④）。

　③**署名の証明**　　署名簿に署名，押印した者の数が選挙権を有する者の総数の50分の1以上となったときは，請求代表者は，署名収集期間満了の日の翌日から都道府県及び指定都市にあっては10日以内，市町村にあっては5日以内に，署名簿を市町村選挙管理委員会に提出しなければならない（令94①）。選挙管理委員会は，提出された署名簿の署名を審査し，署名し印をおした者が選挙人名簿に登録された者であるか否か等署名の効力を決定しなければならない。これは，署名簿提出の日から20日以内に行うべきものとされている。更に，その証明が終了したときは，その日から7日間署名簿を関係人の縦覧に供さなければならない（法74の2①，②）。

　④**署名に関する争訟**　　署名に関し異議のある関係人は，縦覧期間内に選挙管理委員会に申し出ることができる。この場合，選挙管理委員会は，14日以内に決定をしなければならない。この決定に不服のある者には，審査請求及び出訴等の途が開かれている（法74の2④，⑤，⑦以下）。

　⑤**署名の確定**　　選挙管理委員会は，縦覧期間内に関係人の異議の申出がないとき，又はすべての異議について決定をしたときは，その旨及び有効署名の総数を告示するとともに，署名簿を請求代表者に返付する（法74の2⑥）。

　⑥**請求**　　署名簿の返付を受けた請求代表者は，署名の効力の決定に関し不服がないとき，又は審査の申立て若しくは訴訟の裁決，判決が確定したときは，その返付を受けた日又は効力の確定した日から都道府県及び指定都市にあっては10日以内，市町村にあっては5日以内に，請求をしなければならない（令96①）。

　⑦**直接請求の取扱い**　　長は，直ちに請求の要旨を公表し，この請求を受理した日から20日以内に議会を招集し，意見を付けてこれを議会に付議しなければならない（法74③）。直接請求にかかる条例案が議会に付議された後は，一般の条例の制定改廃と同じ手続によることになる。

　ただ，議会は直接請求によって付議された事件の審議に当たっては，代表者に意見を述べる機会を与えなければならない（法74④）。

⑭ 事務監査の請求

自治法12②，75

1 意 義

　選挙権を有する者は，その総数の50分の１以上の者の連署を以て，その代表者から，地方公共団体の監査委員に対し，当該地方公共団体の事務の執行に関し，監査の請求をすることができる（法12②，75①）。

　住民が地方公共団体の事務運営に関して監査を請求し得る方法としては，地方自治法第12条第２項に基づく事務監査請求のほか，第242条に基づく住民監査請求がある。この両方とも，住民が直接地方公共団体の運営に参画することを認めた直接参政制度であり，その方法もともに監査委員に対する監査の請求という点で共通するが，それぞれ目的，要件，効果等を異にしている。前者は主として地方公共団体の行政運営の実情を明らかにし，その公正と能率化を図ることを目的としているのに対して，後者は主として違法不当な財務運営による損害の発生を防止又は是正することを目的とするものであり，また，前者は選挙権者の権利として直接参政を認められる点に大きな意義があるのに対し，後者はいわゆる納税者訴訟として納税者が自ら不当な税金の使用を予防，是正する手段である点に意義がある。

2 監査の対象事項

　監査請求の対象となる事項は，当該地方公共団体の事務であり，自治事務，法定受託事務の両方を含み，また，一般に監査委員の権限とされる財務会計事務（法199①）だけでなく広く事務の執行全般におよぶ。すなわち，監査委員の職務権限である予算の執行，収入，支出，契約，現金及び有価証券の出納保管，財産管理等の範囲にとらわれることなく，事務事業の全般におよぶことができるのである。

　監査とは，事務事業の執行状況等について調査し，その事実を明らかにするとともに，その当不当の判定を行うものであり，事務監査請求もこの意味の監査によって，地方公共団体の事務執行の実情を明らかにし，住民の監視と批判を通じて適正な行政運営を図ろうとするものである。したがって，監査請求の対象となる事項について地方自治法上は特段の制限は

総　則　*29*

ないが，本来的には監査に適する事項でなければならない。そうでない場合においては監査の効果が期待できず，この制度の趣旨を失わせる結果となるおそれがある。例えば，過去10年間の出納事務というような抽象的な事項であっても，監査の対象としなければならず，また，すでに決算の認定を受けた事務事業についても改めて監査すべきであるが（昭26.5.24行政実例），単なる事実の公開を要求するような請求，税額の公開請求等は，事務監査の請求の範囲を逸脱するものと解される。

3　手　続

　事務監査の請求の手続は，条例の制定改廃の請求の手続と同じく，選挙権を有する者がその総数の50分の１以上の連署をもって，その代表者から監査委員に対して，監査請求を行う（法75①）。請求代表者証明書の交付，署名収集の手続等は，条例の制定改廃の場合とほぼ同じである。

4　請求の効果

　監査委員は，請求を受理したときは，直ちに請求の要旨を公表することとされ（法75②），その請求に係る事項につき監査し，その結果を請求代表者に通知し，かつ，これを公表するとともに，議会，長及び関係委員会に提出しなければならない（法75③）。監査結果は，監査請求の対象となった事務事業の執行の事実に関する調査結果とその当・不当の判定を含むものである。

5　事務監査請求と住民監査請求との関係

　事務監査請求と住民監査請求は，ともに住民の直接参政の方式であり，地方公共団体の事務運営の不正不当を防止・是正するという点で共通している。しかも，手続として，事務監査請求が選挙権者の50分の１以上の連署という厳しい要件を定められているのに対し，住民監査請求は住民が単独でも請求しうることとされているため，現実には事務監査請求はほとんど例がなく，もっぱら住民監査請求の方式が利用されている。

⓫ 議員，長等の解職の請求

自治法13②，③，80以下

1 意 義

　日本国民たる地方公共団体の住民は，法律の定めるところにより，その属する地方公共団体の議会の議員，長，副知事若しくは副市町村長，指定都市の総合区長，選挙管理委員若しくは監査委員又は公安委員会の委員の解職を請求する権利を有する。教育委員会の教育長又は委員についても同様である（法13②，③）。

　憲法第15条は，国民主権の原則に立ち，公務員を選定し，及びこれを罷免することは，国民固有の権利であると規定しているが，これを具体化して，地方公共団体の主要公務員の罷免を求めるリコール制度を認めたのが，主要公務員の解職の請求の制度である。国においては，最高裁判所裁判官の国民審査（憲法79②）が，一種の解職投票制度とみられるが，地方公共団体における解職請求は，直接住民に対して広範に主要公務員の罷免権を認めることにより，住民自治の徹底を図ろうとするものである。

　解職の対象となる主要公務員のなかには，議会の議員，長等の直接公選によって選ばれる公務員と副知事，副市町村長等のように住民との関係では間接的に選任される者の両方が含まれているが，解職手続において，前者は住民投票に付され，後者については議会に付議されることとされ，その取扱いを異にしている。

　なお，主要公務員の解職の請求の制度は，地方自治法だけでなく，地方教育行政の組織及び運営に関する法律，農業委員会等に関する法律，漁業法にも定められている。

2 解職請求の対象

　解職を請求することのできる主要公務員は，住民の直接選挙によって選ばれる議会の議員及び長，行政委員会の委員のうち選挙管理委員，監査委員，公安委員会委員，教育委員会委員，農業委員会委員，海区漁業調整委員会委員，及び長の補助機関のうち副知事，副市町村長である。

3　解職請求の手続

　①議会の議員の解職請求　　選挙権を有する者は，所属の選挙区における その総数の３分の１（その総数が40万から80万の部分については６分の１，80万を超える部分については８分の１を乗じた数を合算した数）以上の者の連署をもって，その代表者から，選挙管理委員会に対し，当該選挙区に属する地方公共団体の議会の議員の解職の請求をすることができる（法80①）。なお，選挙制度を尊重し直接参政権の行使を慎重ならしめるため，無投票当選の場合を除き，議員の就職の日から１年間及び解職の投票の日から１年間は，解職の請求をすることが制限されている（法84）。

　解職の請求があったときは，選挙管理委員会は，これを当該選挙区の選挙人の投票に付さなければならない（法80③）。そして，この住民投票において，過半数の同意があったときは，議員はその職を失う（法83）。

　②長の解職請求　　長の解職請求は，議会の解散請求とともに，直接参政制度のなかでも重要なものである。この要件が，選挙権を有する者の総数の原則として３分の１以上の者の連署を要すること，請求があったときは住民の投票に付すこと，及び就職の日等から１年間は解職の請求をすることが制限されていることは，議員の解職請求の場合と同様である。

　③選挙管理委員，監査委員等及び副知事，副市町村長等の解職請求

　選挙権を有する者は，その総数の原則として３分の１以上の者の連署により，長に対し選挙管理委員，副知事等の解職の請求をすることができる（法86）。その一般的手続は，条例の制定改廃の場合と同じである。ただし，選挙管理委員，監査委員，副知事，指定都市の総合区長，副市町村長等は，長が議会の同意を得て選任し又は議会が選挙するものであって，いずれも住民が直接選挙するものではないから，その解職も住民の投票に付されるのではなく，議会に付議されることとされている（法86③）。そして，議会において，議員の３分の２以上の者が出席し，その４分の３以上の者の同意があったときは，これらの者はその職を失う（法87①）。なお，これらの者についても一定期間，解職の請求が制限されている（法88①，②）。

　④農業委員会委員及び海区漁業調整委員会委員の解職の請求　　これらの委員の選挙権は，一定の資格要件のある者だけに認められているので，その解職請求もそれらの者にのみ認められている。

⓰ 地方公共団体の権能

自治法1の2, 2②

1 基本的な権能

地方公共団体は，その財産を管理し，事務を処理し，及び行政を執行する権能を有し，法律の範囲内で条例を制定することができる（憲法94）。この憲法の規定は，地方公共団体の基本的な権能を明らかにするとともに，これを保障しているのである。

地方公共団体は，国家制度のなかにおいては，国家行政組織の一環をなすものとされているため，その作用はすべて行政として扱われるのが通例であるが，憲法の定める範囲内において，自治団体としての権能を認められており，それは司法権を除き，広く立法権及び行政権の全般にわたる。

2 自治立法権

地方公共団体が，その事務に関して自ら法を定立する権能を自治立法権といい，これに基づいて定立された法を自主法という。

地方公共団体が法律の範囲内で自治立法権を有することは，憲法第93条及び第94条から明らかであるが，この権能は憲法によって与えられたものというよりも，むしろ憲法の保障する地方公共団体の当然の権能として理解されている。

自主法は，地方公共団体の区域内においてのみ効力を有し，各地方公共団体ごとにそれぞれの法秩序を構成しているが，それは法律の範囲内において制定され，国法とともに国家として一体的な法秩序を形成しているのである。

自主法の形式としては，条例及び規則がある。条例は，議会の議決により定める法であり，規則は執行機関である長の定める法である。条例及び規則は，住民の権利義務に関して定めることができ，かつ，罰則によってその実効性を担保しているので，その重要性においては国の法令に匹敵するということができる。

3 自治組織権

自治組織権とは，地方公共団体がその自治権に基づいて，自らの組織つ

まり機関の設置，運営等を定め，また，その機関を構成する公務員を任免する等の権能のことである。

地方公共団体の組織の大綱は，地方自治法その他の法律で定められているが，具体的事項については条例，規則により地方公共団体の実情に即して定められることが多く，大幅な自治組織権が認められている。自治組織権の主要な例としては，地方公共団体の名称変更，事務所の設定，議会，長及び行政委員会の組織，運営，補助組織の設置等があり，また，長，議員をはじめとする職員の選任及び罷免等がこれに該当する。

4　自治行政権

自治行政権とは，一般に，地方公共団体が事務を処理する権能のことである。地方公共団体の存立の意義は，住民の福祉を増進することであり，このため，地域における行政を自主的かつ総合的に実施する役割を担い（法1の2），地域における事務及びその他の事務で法律又はこれに基づく政令により処理することとされるものを処理する（法2②）。広く住民に対して役務を提供する本来的な事務だけでなく，住民の権利及び自由を制限する権力的作用を行う権能も有しているのである。

5　自治財政権

自治財政権とは，地方公共団体がその事務に要する経費にあてるため，自ら必要な資金を調達し，管理する権能のことである。

自治財政権の特質は，いうまでもなく資金の調達の側面にあり，地方税をはじめ分担金，使用料，手数料等の賦課徴収のように，権力的作用として行われるところに特徴がある。このような作用に関しては，地方自治法のほか，地方財政法，地方税法等があり，これらに基づいて地方公共団体がそれぞれ具体的な定めを設け，権限を行使する。

地方公共団体の自主的な運営にとって自主的な財源調達は不可欠であるが，地方財政の実態は，国税と地方税の財源配分，補助金のあり方などにみられるように，国家財政が地方公共団体の財政権を制限するとともに財政を通じて中央統制を強める傾向が著しいといえる。地方公共団体の財政の健全化と自主性の強化は，今後の地方自治の大きな課題である。

34

⑰ 条例の意義

自治法14

1 条例の性格

条例は，地方公共団体がその自治権に基づいて，議会の議決により制定する自主法である。条例は，地方公共団体の自治立法権に基づいて制定される点において国の立法権に基づく法律とは制定の根拠を異にし，法律による授権を要しない点で政令，省令と異なり，地方公共団体の自主法のなかでも，議会の議決により制定される点において，長その他の執行機関の制定する規則とは性格を異にする。

条例は，地方公共団体の住民を代表する議会の意思決定により制定される法規であるから，国民を代表する国会の議決によって制定される法律と共通の性格を有する。憲法第41条が「国会は，国権の最高機関であつて，国の唯一の立法機関である。」と定めているのに対して，地方公共団体の議会の条例制定権が形式的には例外的な地位に立ち，条例は法律に準じる性格のものとされるのは，これらがともに住民の代表機関である議会によって制定されるものであるからである。

憲法第31条のいわゆる罪刑法定主義にもかかわらず条例に罰則を包括的に委任し，第84条の租税法律主義にかかわらず条例により地方税を課することとされているのは，条例が法律と同じ性格の法規であることによるのである。

2 条例の規定事項

条例は，法令に違反しない限りにおいて，地方公共団体の事務すなわち地域における事務及びその他の事務で法律又はこれに基づく政令により処理することとされている事務に関して制定することができる（法14①）。第1に，条例は憲法を頂点とする国法秩序の中に位置するものであるから，国法との間に矛盾抵触をきたしてはならないことは当然であり，この観点から，条例の規定事項の範囲が限定される。

第2に，条例は地方公共団体の自主法であるから，法律に特別の定めがない限り，団体の事務に関してのみ制定される。すなわち，団体の事務で

ある限り，自治事務はもちろん法定受託事務についても規定することが可能であり，機関委任事務の廃止に伴い，従来，規則で定めていた事項の多くが条例事項となる。そして，一般に，団体の事務に関しては，法律で特に条例又は規則という法形式で定めるべきことを明らかにしている場合を除き，条例で規定することも規則で規定することもできると解される。

3　義務及び権利に関する条例

　条例はその内容，対象，根拠等種々の観点から分類することができるが，実際上必要なものとしては，地方自治法により特に規定されたものがある。

　それは住民の義務，権利に関する条例であり，地方自治法により，地方公共団体は，義務を課し，又は権利を制限するには，法令に特別の定めがあるものを除くほか，条例で定めなければならないと定めている（法14②）。これは従来，行政事務条例といわれていたものが事務区分の見直しと機関委任事務の廃止に伴って新しく規定されたものであり，このように住民の権利及び自由を制限し義務を課することは議会の議決を経た法に基づくことを要するというのが，この趣旨である。

4　罰　則

　条例には，法令に特別の定めのある場合を除くほか，条例に違反した者に対し，2年以下の懲役若しくは禁錮，100万円以下の罰金，拘留，科料若しくは没収の刑又は5万円以下の過料を科する旨の規定を設けることができる（法14③）。これは，条例の実効性を担保するものである。このように条例によって一般的に刑罰を科することができるとされているのは，条例が住民を代表する議会によって制定され，その点で国の法律と同じ地位に立つからである。なお，条例の定める罪に関する事件は，国の裁判所が管轄する。

⓲ 条例制定権の範囲と限界

1 規定事項の範囲

　地方公共団体は，法令に違反しない限りにおいて地方公共団体の事務に関し，条例を制定することができる（法14①）。

　条例によって規定することのできる事項は，まず第1に，憲法でいう「法律の範囲内」，つまり地方自治法にいう「法令に違反しない限り」という範囲に限定され，第2に，地方公共団体の事務という範囲に限定される。しかし，実際上，この範囲は必ずしも明確ではなく，その限界をめぐってしばしば困難な問題を生じることがある。

2 地方公共団体の事務の範囲内

　条例は，地方公共団体の自主法であるから，その事務についてのみ規定しうる。地方公共団体の事務である限り，自治事務についてはもちろん法定受託事務についても条例を制定しうるのが原則である。ただ，法定受託事務については，個別法が定められるほか各大臣が地方公共団体の長が事務処理に当たりよるべき基準を定めることができるので（法245の9），条例で規定しうる余地は少ないものと思われる。現行法制上，住民に義務を課し，又は権利を制限するような権力的作用については，条例で定めなければならないとされている（法14②）ほか，行政組織，公の施設等条例をもって定めるべきこととされているものも多い。

　また，条例は，法律の授権を必要とするものではないので，明らかに他の法形式で定めるべきことが法律に規定されている場合は別として，住民に対して役務を提供することを内容にするものであれ，住民の権利自由を制限する内容であれ，事務の内容を問わず，条例で規定することができる。

　しかし，条例の規定事項は，地方公共団体の事務に限られるので，長その他の執行機関の専属的権限に属する事項については，条例をもって定めることはできず，規則をもって定めなければならない。

3 法令の範囲内

　条例は，地方公共団体の自主法であるが，国法から離れて存立しうるも

のではなく，国家の法秩序の中に位置するものであるから，相互に矛盾抵触してはならない。このような観点から，憲法及び地方自治法は，条例の形式的効力は国の法令に劣り，条例の規定が法令に違反するときは，条例の規定はその限りで無効となることを定めているのである（法2⑯，⑰）。

①憲法と条例との関係　　条例が憲法に違反してはならないのは当然であるが，一般に，条例は，憲法で保障する基本的人権を公共の福祉の観点から制約することができる。これは，従来，表現の自由，財産権等との関係で問題になったが，これについてはすでに公安条例，公害防止条例，各種営業規制条例など多くの例がある。

②法令と条例との関係　　条例は，法令の規定に違反してはならないが，実際には，法令に違反するか否かの判断が困難な場合が少なくない。この判断の基準として一般的なものは，いわゆる法律先占論といわれるものである。これは，法令規定事項については条例は異なる定めをすることはできないという理論であり，条例で規定しようとする内容について，国の法令が全く存在しない場合は条例で規定することができ，これに対して国の法令が存する場合には，その法令の趣旨，目的等から法令による規定を予定しているのかあるいは条例による規定を認めるかを判断して決定すべきであるとするものである。一般には，国の法令が一定事項を規制している場合においても法令と異なる目的でその事項を規制し，国の法令と同一目的であってもその規制対象外とされている事項を規制することは，法令に違反しないとされている。これに対し，国の法令と同一目的で同一事項について，法令以上の規制を加えることは違法になるとされるのである。

しかし，このような法律先占論に対しては，公害規制問題等に関連して強い批判があり，国の法令による規制を上回る「上乗せ」規制あるいは法令の対象外の事項を規制する「横出し」規制の適法性が主張されている。

この問題については，大いに議論のあるところで，未だ通説的な見解が形成されるに至っていないが，条例が法令に違反するというのは，法令との抵触が明白な場合に限られるべきであるとする見解が一般的である。

⓳ 条例の効力

1 意　義

　条例は，法規の一形式であるが，国法秩序の中において個々の地方公共団体がその自治権に基づいて定立する法であるところから，その効力には国法とは違ったいろいろの制約がある。一般に法規の効力は，形式的効力と実質的効力に分けられる。形式的効力というのは，法規が憲法を頂点として全体が相互に上下の関係に立って，段階的な法秩序を構成していることに由来する法形式相互間の優劣であり，実質的効力とは法規がどのような範囲に関係者を拘束する力を有するかということである。

2　形式的効力

　条例の形式的効力は，法律及び政令に劣る。条例は，法令に違反しない限りにおいて制定されるものであるが，条例の内容が法令に抵触するときは，その限度において，条例は無効となる。

　異なる地方公共団体の条例相互の間においては，本来各々の条例の所管する領域が異なるので，原則としてそこに優劣の違いはないが，住民に義務を課し，権利を制限する権力的作用を内容とする条例については，その性質上，都道府県の条例の効力が市町村の条例に優先する（法2⑯）。したがって，都道府県の条例に違反する市町村の条例は，その限度で，無効である。

　同一の地方公共団体の条例と規則は，ともに自主法として共通性を有するが，形式的効力としては，条例が規則に優先する。

3　実質的効力

　①地域的効力　　　条例は，地方公共団体の定立する法であるから，その効力のおよぶ範囲はその地方公共団体の区域内に限られる。しかし，その区域内においては，当該地方公共団体の住民であるか否かを問わず，すべての者に対して，条例が適用される。例えばある地方公共団体において，押し売り等を取り締まるいわゆる迷惑防止条例を制定した場合，その地方公共団体の区域内では住民，旅行者の別を問わずすべての者に適用され，

逆に，住民であってもその区域外では適用されることがないのである。

　一般に，法規の効力には属地主義と属人主義がある。属地主義というのは，権限の及ぶ一定の領土又は地域内においてはすべての者に対して法規が適用されるが，その区域外には法規の効力が及ばないというものである。これに対して，属人主義というのは，権限の及ぶ一定の国民又は住民に対しては，その者がいかなる場所にいたとしても，法規が適用されるというものである。そして，地方公共団体の条例は，まさに属地主義を原則として，適用されるのである。

　この原則に対しては，若干の例外がある。その第1は，条例が地方公共団体の一部の区域にのみ適用され，あるいは地方公共団体の区域をこえて適用される場合があることである。公の施設を区域外に設置した場合，その利用者に対しては設置団体の条例が適用され（法244の3），また，事務を他の地方公共団体に委託した場合，委託を受けた地方公共団体の条例が委託団体の住民にも適用される（法252の16）のが，これに該当する。第2に，地方公共団体の職員，地方公共団体の設置する学校の学生等のように地方公共団体との間にいわゆる特別権力関係その他特別の関係にある者に対しては，その関係に基づく限度において，条例はそれらの者の住所等とは関係なく，属人的に適用される。

　②時間的効力　　　条例は，公布され施行された時から効力を生じ，条例の廃止によってその効力を失う。施行とは，条例の規定の効果を一般的に発動せしめることであるから，条例の規定は，公布の日以前にさかのぼって施行されることはありえないが，法的安定性をそこなわない限り，さかのぼって適用することができる場合がある。これは，特定の規定を特定の人，事項等に対して働かせることであり，条例の内容とされている事項が，性質上，さかのぼって適用しうるものであり，かつ，適用の対象となる者に利益をもたらすような場合に限り認められる。このように法規の適用を受ける者に不利益にならない場合は遡及適用が可能であり，不利益になる場合には許されないという原則は法律不遡及の原則といわれる。遡及適用が認められる具体例としては，例えば，貸付金条例，職員の給与条例等について，額を引き上げる改正をする場合等がこれに該当する。

⑳ 条例の制定手続

自治法16, 96, 112, 149

1 条例案の提出

　条例の制定改廃の手続は，条例の発案すなわち議会への提出に始まる。条例の制定は立法作用であるから，社会的，経済的環境の変動に伴う何らかの社会的要請に応じて制定改廃されるものであるが，その動機としては，法令の制定改廃に伴うもの，各種の施設や機関の設置廃止に伴うものが多いといわれる。ただ，近年，地方公共団体が独自に政策を策定し条例を制定することが増えている。

　条例の提出権は，長及び議員の両方にあるのが原則である（法112，149Ⅰ）。長以外の執行機関及び公営企業管理者には，議案の提出権はなく，また，議会の役員及び委員会にも議案提出権は与えられていない。

　しかし，この原則に対しては例外があり，条例の性格によっては，その提出権が長又は議員に専属するものがあると考えられる。例えば，支庁，支所の設置条例，部課組織条例等は，長に発案権が専属し，議会の委員会条例等は議員に発案権が専属するものと解されている。

　特別の場合として，住民による条例の制定改廃の直接請求があり，この場合においては，住民が条例を発案するが，形式的には長がこれを議会に付議することになる（法74）。また，財産区の議会又は総会を設ける市町村の条例を都道府県知事が発案する場合が認められている（法295）。

　長が条例案を議会に提出するに当たって，予算を伴う条例案であるときは，必要な予算措置が適確に講ぜられる見込みが得られるまでの間は議会に提出してはならず（法222），また，特に教育に関する条例については教育委員会の意見をきく（地教法29）等の義務が課されている場合がある。

2 議会の議決

　議会に提出された条例案は，議会の審議を経て，議決される。通常は，常任委員会に付託され，そこで実質的に審議されるが，特に重要な条例案の審議に当たっては特別委員会が設置され，あるいは公聴会が開かれる場合がある。

総 則 *41*

　議会の議決には原案可決，修正可決，否決の別があるが，それは，原則として，出席議員の過半数による（法116）。ただし，地方公共団体の事務所の位置を定める条例（法4），条例で定める特に重要な公の施設の設置条例の廃止（法244の2②）等については，特別多数議決が必要とされている。条例は，議会の議決によって成立するが，それはそのままでは法規として対外的効力は生じない。効力を生ずるには，公布が必要である。

　また，議会において議決した条例であっても長がこれに対して異議がある場合等には，再議に付することができることとされ，この場合，その議決の効力は発生しないことがある。

　なお，議会の議決によるほか，条例は長の専決処分（法179，180）によっても制定されることがある。

3　条例の公布及び施行

　条例の制定改廃の議決があったときは，議会の議長は，その日から3日以内にこれを長に送付しなければならない。長は，再議その他の措置を講じた場合を除き送付を受けた日から20日以内に，その条例を公布しなければならない（法16①，②）。条例は，地方公共団体の議会の議決のみによって成立するのが原則であるが，例外的に市町村の名称を定める条例についてはあらかじめ都道府県知事と協議すること（法3③，④），交通事業の運賃に関する条例など条例の制定改廃又はその内容となる事項について監督官庁の許認可を要することとされていることがあり，この場合，その許認可を得た後公布される。

　条例の公布は，条例の内容を一般住民に周知せしめる行為である。通常，公報への掲載又は一定の場所への掲示の方法によって行われるが，公報への掲載によるときは，その公報が閲覧又は購読しうる状態に達したときに公布があったこととされる。

　条例は，公布によって条例としての効力を発生する。

　条例の施行期日は，条例の附則で定められるのが通例であるが，このような定めがないときは，公布の日から起算して10日を経過した日から施行される（法16③）。なお，条例は，公布日以前にさかのぼって施行することはできないが，法的安定性を害しない限り，さかのぼって適用することができる。

㉑ 規　　　則

自治法15

1　規則の意義

地方公共団体の長は，法令に違反しない限りにおいて，その権限に属する事務に関し，規則を制定することができる（法15①）。

規則は，条例とならんで，地方公共団体が自治立法権に基づいて定立する自主法であるが，議会の議決によらず，長が制定する法である点において，条例と異なる。このように規則は，条例とは制定の手続を異にしているが，現行地方自治制度が大統領制をとり，議会と長がともに住民を直接代表する立場に立つところから，規則と条例は，原則として，それぞれ独立した別個の法形式であり，国における政令が法律の委任に基づくことを要するのとは異なっている。

規則は，その内容から分類すると，条例と同じく住民の権利義務に関する法規たる性質を有するもの，地方公共団体の内部的事項に関する行政規則の性質を有するもの，及び条例の委任を受け又は条例を執行するための細則的な定めの別がある。

なお，規則という用語は，長の制定する法形式を指すのが通例であるが，このほか，議会，議長及び各種の行政委員会もそれぞれの規則を制定することが認められている。行政委員会の制定する規則等も，広義の自主法の一部であるが，法律の根拠がなければ法規たる定めをすることはできない点において，長の制定する規則と区別される。

2　規則の規定事項

①法令に違反しない範囲内　　規則も，条例と同じく，国法と矛盾抵触してならないことは当然であり，国の法令に違反して制定された規則は，その限度において，無効である。

②長の権限に属する事務　　規則は，長の権限に属する事務に関して制定されるが，これには地方公共団体の事務すなわち自治事務と法定受託事務が含まれる。

地方公共団体の事務のなかには，義務・権利に関する事務，公の施設に

関する事項等法令によって条例で定めることとされている事項があり，また，議会の議決事項（法96）とされているものがあるので，これらを除き，長限りで処理しうる事務について規則を制定することができる。このうち，長の権限の委任に関する事項，補助組織の分課に関する事項など長の専属的権限に属する事務及び法令によって規則で定めるべきこととされている事項については，当然に，規則のみの規定事項となるが，その他の事項は，いわゆる競管的事項として，条例で定めることも規則をもって定めることもできると解される。

　なお，義務を課し，権利を制限する事務，公の施設の設置管理に関する事項等は，法律上，条例の専管事項とされているので，これらを直接規則で定めることはできないが，条例で基本的事項を定め細目については規則に委任することが可能であり，この種の規則はきわめて多数にのぼる。

　③他の執行機関の権限に属しないこと　　規則で規定することのできる事項は，地方公共団体の事務のうち長の権限に属するものに限られ，議会，教育委員会，人事委員会，公平委員会，公安委員会などの行政委員会の権限に属する事項については，長は規則で定めることはできない。これらについてはそれぞれの権限を有する機関が会議規則，行政委員会規則等を制定することになる。

3　罰　則

　規則には，規則に違反した者に対し，5万円以下の過料を科する旨の規定を設けることができる（法15②）。過料は，刑罰ではなく，行政上の秩序罰であるが，条例と同じく，規則の実効性を担保するためのものである。過料は，長が科し，強制徴収の対象となる（法231の3）。

4　規則の効力

　規則の形式的効力は，国の法令に劣り，同一地方公共団体においては条例の効力に劣る。地域的，時間的効力は，条例の場合と全く同様である。

㉒ 議会の位置付け及び役割

憲法93, 自治法89

1 議会の位置付け

地方公共団体の議会は，住民の直接選挙によって選出される議員をもって構成される地方公共団体の議事機関である。議会の設置及び議員の選挙については，憲法第93条が直接保障しているところであり，これにより，議会が住民の代表機関であり，地方公共団体の意思決定機関であることが明確にされている。これが，地方公共団体の議会の基本的な地位であり，その権限の適切な行使に資するため，議員は住民の負託を受け，誠実にその職務を行わなければならない（法89③）。

令和5年の地方自治法の改正により，改めて議会の位置付け及び役割が明記されたのは，近年，人口減少，少子高齢化等社会経済情勢の変化が進行し地域課題も複雑化している一方，議会の議員は年代，性別等で多様性を欠き，また無投票当選が増加する等議員のなり手不足が顕著になり，議会のあり方さらに地方自治の根幹に問題が生じつつあるという認識から，今後多様な人材が参画し，住民に開かれた議会を期するためである。

2 議会制度の特徴

現行地方自治制度の特徴は，国においては議院内閣制がとられているのに対して，議会及び長がともに住民の直接選挙によって選ばれ，ともに住民の代表機関たる地位に立つ首長主義をとっていることである。その特色は，議会及び長がそれぞれ独立して権限を行使し，相互の牽制と均衡を通じて，適正な行政運営を図ることであるが，議会の地位に関しては，次のような特質を示している。

第1に，議会と長は，互いに独立対等の地位にあり，明確な権限と責任の分担の下に，地方公共団体の運営に当たるのであり，その関係に上下の別はない。この意味において，国会が国権の最高機関であるのと異なる。

第2に，議会は地方公共団体のすべての意思決定を行いうるのではなく，法令及び条例により議会の権限に属せしめられたものについてのみ意思決定することができる。それ以外の意思決定及び行政執行は執行機関の権限

に属し，長は執行機関を代表する立場から，広範な権限を認められている。

第3に，議会は，地方公共団体の唯一の立法機関ではない。議会は地方公共団体の意思決定機関として，自主法規たる条例を制定する権限を有するが，長もまた自主法の性格をもつ規則を制定する権限を有している。条例と規則は，法令に特別の定めがある場合を除いて，その制定権者を異にするだけであり，効力，性質等は同じである。

第4に，議会と長の間には，意思決定及び行政執行に関して長に広範な権限が認められている反面，議会には長の行政執行に対する広範な監視権が認められており，民主的統制を通じて，権限の均衡と行政運営の適正化が図られている。

第5に，議会と長が対立した場合，双方にそれぞれ対立関係を調整する手段が与えられている。

議会と長の対立関係は，最終的には，議会による長の不信任議決，これに対する長の議会解散によって，住民の意思に基づいて解決されることになる。

3　議会の役割

議会の主たる役割は法の定めるところにより地方公共団体の重要な意思決定に関する事件を議決し，並びに法に定める検査及び調査その他の権限を行使することである（法89②）。すなわち住民の代表機関であり議事機関として，地方公共団体の主要な意思を決定するとともに，執行機関の行政運営を民主的に監視し牽制することである。

意思決定の中心的なものは，条例の制定改廃及び予算の議決であるが，いずれも地方公共団体の行政運営の基本的基準を定め，重要政策を決定するものであり，議会の本来的な権限であり機能である。

執行機関に対する監視的，牽制的機能は，多くの場合，調査，検査等の形で行使されるが，議決権の行使によって行われる場合もある。

このように，議会の機能には，積極的な意思（政策）決定機能と，消極的な監視的，批判的機能とがあるが，究極的には，執行機関と共同して，地方公共団体の適正な運営を図り，住民福祉の増進を図ることである。

㉓ 議会の組織

自治法90, 91, 100, 103, 138

1　議　員

①**選挙及び定数**　　議会は，住民が直接選挙した議員によって構成される（憲法93②）。議員の選挙については，公職選挙法の定めるところによるが，地方公共団体の議員の被選挙権を有するのは，その選挙権を有する者で年齢満25年以上のものであり，禁錮以上の刑に処せられその執行を終わるまでの者その他欠格事項に該当する者等は被選挙権を有しないこととされている（公選法10，11）。

　議員の定数は，地方公共団体の実情に応じて条例で定めることとされている（法90，91）。その上限は地方自治法によって，地方公共団体の人口規模に応じて定められていたが，平成23年自治法の改正により，地方公共団体の実情に応じて議員定数を自主的に定めることができるとされた。

②**議員の身分の得喪**　　議員の身分は，選挙の当選人の告示の日から発生する。議員の任期は4年であり，補欠議員の任期は前任者の残任期間である（法93）。そして，議員は，任期満了，選挙無効又は当選無効の確定（法128），被選挙権の喪失（法127），兼業兼職（法92，92の2），辞職（法126），議会による除名（法135），直接請求による解職（法80）及び議会解散によって，その身分を喪失する。

③**議員の権利及び義務**　　議員は，議会の構成員たる地位に基づいて，当然に会議に出席し，発言し表決する等議会運営に参画する権利を有するほか，報酬，費用弁償を請求する権利を有する（法203）。しかし，国会議員とは異なり，不逮捕特権（憲法50），発言，表決の免責特権（憲法51）は，認められない。

　議員は，議会に出席し議事に参加するとともに，議会運営に協力し，その秩序紀律を守るべき義務がある。

2　議会の活動組織

①**議長及び副議長**　　議会は，議員のなかから議長及び副議長1人を選挙しなければならない（法103①）。その任期は，議員の任期によること

とされているが（法103②），１年ないし２年で交替する例が多いのが実情といわれる。議長及び副議長が辞職するには，議会の許可を要するが，副議長は閉会中は議長の許可だけで辞職することができる（法108）。

議長の職務権限は，「議場の秩序を保持し，議事を整理し，議会の事務を統理し，議会を代表する。」（法104）ことであるが，具体的な権限は地方自治法，会議規則等の規定により定められている。すなわち，議会の開閉を宣告し，議場の秩序維持（法129），傍聴人の秩序維持（法130）を行い，議事を整理し，可否同数の案件について裁決し（法116①），事務局長等を指揮監督して議会の庶務，議事日程の作成その他の議会事務を処理する。また，議長は対外的に議会を代表するから，意見書の提出等は議長名で行う。

なお，議会又は議長の処分又は議決に係る訴訟については，議長が地方公共団体を代表することとされている（法105の２）。

副議長は，議長に事故があるとき，又は議長が欠けたとき，議長の職務を行うものである（法106①）。

②仮議長及び臨時議長　　議長及び副議長にともに事故があるときは，仮議長を選挙して，議長の職務を行わせる（法106②）。

議長・副議長及び仮議長の選挙を行う場合において，議長の職務を行う者がないときは，年長の議員が臨時に議長の職務を行う（法107）。これを臨時議長という。

3　委員会

一般に，議会という場合には，議員全員によって組織される本会議を指すが，議会運営の能率と審議の徹底を図るために条例により議会の内部組織として，少人数の議員によって組織される常任委員会，議会運営委員会及び特別委員会を設置することができる（法109）。

4　事務局及び図書室

都道府県の議会に事務局が置かれ，市町村の議会には条例で事務局を置くことができる。事務局には，事務局長，書記等が置かれ，議長が任免する（法138）。

また，議会には議員の調査研究に資するため，図書室を設けることとされている（法100⑲）。

㉔ 議員の兼職及び請負の禁止

自治法92, 92の2

1 兼職及び請負の禁止の意義

　地方公共団体の議会の議員は，住民の直接選挙によって選ばれる特別職の公務員であり，その勤務は非常勤であるが，議会の議員としての職務の特質に基づいて，一定の地位又は職業に就くことが制限されている。このうち，一定の公職と兼ねることを制限されることを兼職禁止とよび，一定の営利事業の経営又は従事を制限されることを兼業禁止又は請負禁止とよんでいる。

2 兼職の禁止

　議会の議員に対して，一定の公職を兼ねることが制限されているのは，第1にはその議員としての職務を十分に果させるためであり，第2には議決機関と執行機関とを分離する原則によるものといわれる。

　兼職を禁止されているのは，地方自治法上，衆議院議員，参議院議員，地方公共団体の議員，常勤の職員及び短時間勤務職員であるが（法92①，②），このほか，法律によって兼職禁止が定められているものとして，選挙管理委員（法182⑦），教育委員会の教育長及び委員（地教法6），人事委員会・公平委員会委員（地公法9の2⑨），公安委員会委員（警察法42②）等地方公共団体の職員があり，また，裁判官（裁判所法52）等がある。

　実際には，公職選挙法第89条によって公務員の在職中の立候補が制限されているので，ほとんど問題になる事例はないと思われる。

　議員の兼職禁止は，同時に両方の身分を有することを禁ずるものであるから，双方に就職したときは，直ちにどちらか一方の身分を辞する必要がある。

3 請負の禁止

　議会の議員に対しては，一定の経済的ないし営利的業務が制限されている。これは，一般には請負禁止とよばれることが多い。その趣旨は，地方公共団体と直接利害関係のある者が議決機関の構成員として，地方公共団体の運営に参画することは，議会の公平かつ適正な運営を阻害するおそれ

があるからである。

　近年，人口減少・少子高齢化など社会経済状況の変化を背景に様々な地域の課題に対応するため議会の機能強化と地域を代表する多様な人材の参画が期待されるが，議員の構成の多様性の欠如やなり手不足の現状が指摘されている。このなかで議員のなり手不足の一因として請負禁止があげられているため，令和4年自治法改正により，請負の要件を明確にするとともに請負の規制を緩和することとされた。規制の対象となる請負は，「業として行う工事の完成若しくは作業その他の役務の給付又は物件の納入その他の取引で当該普通地方公共団体が対価の支払をすべきもの」と定義された。さらに議員が個人事業主として地方公共団体との間で請負関係に立つ場合であっても支払を受ける対価の総額が年間300万円以下であれば請負禁止の対象にならないこととされ，規制が緩和された（令121の2）。

　請負禁止の対象となるのは，①当該地方公共団体に対して請負をする者及びその支配人，及び②主としてこれらの請負をする法人の役員である（法92の2）。いずれも議員の個人的活動と地方公共団体の運営との間の利害が相反する場合であり，請負を禁止することによって，議会の適正な運営を保障するとともに，執行機関に対する不当な介入を避けることを目的とするのである。

　主として地方公共団体等に対して請負をする法人とは，その法人の業務の主要部分を当該請負が占めているようなものを意味し，その主要部分とは概ね半分を意味するものと考えられる。なお，法人の場合に兼業が禁止されるのは，無限責任社員，取締役，執行役若しくは監査役若しくはこれらに準ずべき者，支配人及び清算人であるが，ここで準ずべき者というのは，法人に対しこれらと同程度の執行力及び責任を有している地位にあることを要する。

　議会の議員が地方自治法第92条の2に定める兼業禁止の規定に該当するときは，その職を失うが，この規定に該当するかどうかの決定は，議会が行うこととされている（法127①）。

㉕ 議会の権限

自治法89②，96以下

1 権限の範囲

　地方公共団体の議会の権限は，法律の定めるところにより地方公共団体の重要な意思決定に関する事件を議決し，並びに法律の定める検査及び調査その他の権限を行使することである。最も基本的な権限は，地方公共団体の意思を決定する権限すなわち議決権であるが，議決権を補充し，あるいはこれに附随する権限として，執行機関を検査，監視する権限，事務執行の実情を調査する権限及び議会の組織運営に関する権限等がある。

　しかし，議決権についても，議会がすべての意思決定を行いうるわけではなく，首長主義をとっているところから，その権限の範囲は，長の権限と互いに重複競合することのないように，法令により定められている。地方自治法第96条において，議会の議決すべき事項が列挙されているのは，以上のような理由によるものであり，このほかにも条例により議決事項を追加することができるが（法96①，②），これ以外の事項については法的には議会の権限は及ばない。

2 意思決定の内容

　議会の基本的な権限は，いうまでもなく意思決定権であるが，一般に，この意思決定のなかには地方公共団体の意思を決定する場合，議会の機関としての意思を決定する場合，及び執行機関の事務執行の前提要件となる意思決定の3種類のものがあるとされている。

　第1は，条例の制定改廃，予算の議決のように，議会の議決すなわち意思決定が直ちに地方公共団体の意思となるものであり，第2は，意見書の提出，懲罰のように議会の機関としての意思を決定するものであり，第3は，長の提案した副知事，副市町村長などの選任案件について同意を与える場合等，地方公共団体の一機関としての意思を決定するものである。

　一般に，議会が意思決定をするに当たっては，団体意思の決定にかかる事案については，議員，長の双方が議案の提案権を有するとともに，議会による修正が認められ，機関意思にかかる事案については，議員のみに提

案権が専属し自由に修正することができ，執行機関の事務執行の前提となる事案については長のみが提案することができ，原則として修正することはできない。

このように意思決定の内容によって，議会の権限の範囲に差違がある。

3 権限の種類

議会の権限は，様々の角度から分類することができる。

まず，内容の面から，①立法に関する権限（条例の制定改廃），②財政に関する権限（予算の議決），③その他，に分けられる。

次に，権限の対象事項の面から，①地方公共団体の事務に関すること，②執行機関に関すること，③議会の組織運営に関すること，などに分けられる。

以上のほか，一般的に用いられるのは，形式的に地方自治法の規定に従った分類である。これにも種々のものがあり，概ね次のような分類がなされることが多い。

Ⅰ 議決権

Ⅱ 選挙権

Ⅲ 意見表明権

Ⅳ 同意権

Ⅴ 諮問答申権

Ⅵ 監視権 (1) 検査権 (2) 監査請求権

Ⅶ 調査権

Ⅷ 不信任議決権

Ⅸ 請願受理権

Ⅹ 自律権 (1) 規則制定権 (2) 決定権 (3) 懲罰権

4 政務活動費

なお，地方公共団体は，条例の定めるところにより，議員の調査研究その他の活動に資するため必要な経費の一部として，会派又は議員に対して，政務活動費を交付することができることとされている。政務活動費の交付の対象，額，支出できる経費の範囲は条例で定めなければならない（法100⑭）。

26 議 決 権

自治法96

1 議決権の意義

議会の議決権とは，議会が地方公共団体の意思を決定する権限のことである。議会の意思決定は，選挙の場合を除いては，すべて議決の方法によって行われるので，決定，同意等を含めて広義の議決権とよぶこともあるが，通常はこれらと区別して団体意思の決定のみを議決権という。

議会は，地方公共団体の議事機関であるから，住民を代表して地方公共団体の意思を決定することは，議会の基本的な権限である。しかし，地方自治制度が首長主義をとっていることから，議会が地方公共団体のすべての意思決定を行う権限を有するわけではなく，議会の議決権の内容及び範囲は法律及び条例の規定するところによることとされている。

2 議決権の内容

議会の議決権の内容は，地方自治法第96条に定められている。具体的には，同条第1項第1号から第14号までに列挙された条例，予算，決算，地方税，契約，財産等に関する議決事項と第15号の「その他法律又はこれに基づく政令（これらに基づく条例を含む。）により議会の権限に属する事項」のうち団体意思の決定に関する事項であり，さらに同条第2項に基づき条例によって議決事項が定められている場合においては，これが加わることになる。これらの議決権の対象となる事項すなわち議決事件は，国の安全等の事由により議決事項とすることが適当でないとして政令で定める場合を除き，広く法定受託事務を含むが，法令が明瞭に長等の権限として規定している事項及びその性質上当然に長等の権限と解される事項を議決事項とすることはできない。

以上のように，地方自治法第96条に規定された議決事件は，いずれも地方公共団体の団体意思の決定とされているが，必ずしもその内容は同じではない。条例の制定改廃，予算，決算認定，地方税等に関する議決は，地方公共団体の法定立行為あるいはそれと一体をなす行為であり，典型的な団体意思の決定である。これに対して，契約締結，財産の取得処分，負担

付きの寄附の受領等地方自治法第96条第1項第5号から第14号までに列記された議決事件は，個別の具体的事件について意思決定するもので，その性格上，長が主として予算執行の手続として議会に提案し，意思決定を求めることになる。したがって，これについては，事実上，議員において議案を提案する余地はなく，議案の発案権は長のみに属し，その修正も原則としてできないので，議会は議案に対する賛否を表明し得るにすぎないことになる。

議会の議決事件すなわち地方公共団体の団体意思の決定については，一般に，議案の発案権は議員及び長の両方に存し，議会はその議案の修正ができるといわれているが，議決事件の性格の違いに応じて，議会の権限にも差異がみられるのである。

3　法定外の議決

地方自治法は，議会の議決事件を限定しているが，これは必ずしもこれら以外の事項について議会が議決することを禁止するものではないので，議会は事実上その意思を決定し表明することができる。現実にも，法令に定められた議決事項以外に，議会が議決する例は少なくないが，それは重要事項に関して議会が自ら意思を決定し，それを対外的に表明しようとする場合と，長の側から行政運営の円滑と民意反映の方法として議会の議決を求める場合がある。この場合，法令に根拠を有しない以上，議決が法的効果を生じることはないが，政治的な効果なり民意の反映としての意義が認められる。この種の議決としては，慶祝，要望，宣言等に関するものが多い。これらは，法令に基づく議決と区別して，決議とよばれるのが通例である。

4　議決を経ない行為の効力

議決事件つまり議決を要する事件について，議会の議決を経ずに，長その他の執行機関が事務執行をした場合，それらの行為は無権限の行為として原則として無効である。長の代表権限及び議会の権限については，法令の定めるところであるから，原則として，民法第110条の表見代理の規定も適用はないと解される。

㉗ 財産の交換，譲渡等に関する議決

自治法96①Ⅵ

1 意 義

　地方公共団体の財産は，住民の負担において取得されたものであり，公金の転化したものであるから，公金と同じように適正に管理し，処分しなければならないが，その取扱いは現金に比べて軽視されやすい面がある。また，財産の管理処分は予算とは別に処理されるため，地方公共団体の予算を中心とする財務会計を乱すおそれもある。そこで財産の管理及び処分は，本来，予算執行又は財産管理として長の権限に属するものであるが，そのうち特に地方公共団体の会計処理として異例のもの及び損害を生ぜしめるおそれの強い行為については，議会の関与を認め，長の財産管理及び処分の適正を確保しようとしている。このための財産の管理及び処分に関する議会の権限は，地方自治法上の議決事件すなわち団体意思の決定として定められてはいるが，実質的には長の事務執行の前提要件の性格が強い。

　なお，地方公営企業の業務に関する財産の取得，管理及び処分には地方自治法の規定は適用されないこととされているので（公企法40①），議会は関与することができない。

2 議決の対象

　①概要　　　議決の対象となるのは，条例で定める場合を除くほか，財産を交換し，出資の目的とし，若しくは支払手段として使用し，又は適正な対価なくしてこれを譲渡し，若しくは貸し付けることである（法96①Ⅵ）。多くの地方公共団体においては，財産の交換，譲与，無償貸付等に関する条例を制定しているので，この範囲内では議会の議決を要しない。

　財産を交換し，出資の目的とし，又は支払手段として使用することは，本来金銭をもって処理すべきものを金銭に代えて財産を用いるものであるから総計予算主義（法210）の例外をなすものであり，また，財産を適正な対価なくして譲渡または貸し付けることは，地方公共団体の財産の減少をもたらすとともに相手方に利益を与えるものであるから，それぞれ妥当性が確保されなければならないのである。

議　会　55

　地方自治法第237条第2項は，原則として「地方公共団体の財産は，条例又は議会の議決による場合でなければ，これを交換し，出資の目的とし，若しくは支払手段として使用し，又は適正な対価なくしてこれを譲渡し，若しくは貸し付けてはならない。」と規定しているが，これは条例又は議会の議決によって妥当性が保障されない限り，原則として財産の交換等を禁止する趣旨であり，第96条第1項第6号を実体面から規定したものである。

　また，不動産信託についても，同様に議会の議決が必要である（法96①Ⅶ）。

　②議決の対象となる財産の範囲　　議決の対象となる財産は，自治法上の財産である公有財産，物品，債権及び基金に限られる（法237①）。

　③議決の対象となる行為　　これらの財産について，交換，出資，支払手段としての使用，適正な対価なくして行う譲渡，貸付けをする場合及び土地信託が議会の議決の対象となるのである。

　交換とは，当事者が互いに金銭以外の財産権を移転することであり（民法586），等価交換だけでなく，交換差金を支払う場合を含む。出資の目的とするとは，通常，現物出資を意味し，支払手段として使用するとは，財産によって債務を消滅せしめることであり代物弁済（民法482）がこれに当たる。

　適正な対価なくして譲渡し，又は貸し付けるとは，無償又は時価よりも低い価額で譲渡し，又は貸し付けることである。

　また，土地信託とは受益を目的として土地に建物を建設し又は造成し，その管理又は処分を行わせることである（令169の6）。

3　議決の方法

　この議案は，個別の事案ごとに，相手方，契約の目的，内容等を示して，議会に提出されなければならない。したがって，通常，長が相手方と仮契約を締結したうえで議会に提出するものであり，議会には，事実上，発案及び修正の余地はない。

❷❽ 契約に関する議決

自治法96①Ⅴ

1　意　義

　地方自治法第96条第1項第5号は，「その種類及び金額について政令で定める基準に従い条例で定める契約を締結すること。」を議会の議決事件と定めている。

　本来，契約の締結は長の予算執行権に属する事項であるが（法149Ⅱ），重要な契約については，その事務執行を適正ならしめるためにとくに議会の関与が認められているのである。沿革的にも，地方公共団体の行う契約については，議会の関心も強いところから，一定の重要な契約については議会の関与を認めるとともに，それ以外の契約の締結は長の専属的権限に属するものとして，議会の関与を排除することとしたのである。このように，契約締結に関する議会の権限は，議決権つまり地方公共団体の団体意思の決定とされているが，実質的には長が事務執行を行うにあたり，その適否の判断を議会に求めるものであり，いわば長の事務執行の前提要件たる議決の性格をもつものである。

　なお，地方公営企業の業務に関する契約の締結については，地方自治法第96条第1項第5号の規定は適用されないので（公企法40①），議会の関与は認められない。

2　議決を要する契約の範囲

　議決の対象となる契約の種類及び金額は，政令の基準に従い条例で定められる。政令の基準は，種類については「工事又は製造の請負」に限定し，金額については地方公共団体の区分に応じて，次の金額を下らないこととされている（令121の2，別表第3）。

　都道府県　　　　　　　500,000千円
　指定都市　　　　　　　300,000
　市（指定都市を除く）　150,000
　町村　　　　　　　　　 50,000

　まず，種類については，「工事又は製造の請負」とされているので，こ

れ以外のものを加えたり，その一部を除外することは許されない。これらは，地方公共団体の契約のなかで量的，質的に最も重要と考えられるものである。一般に，請負というのは，当事者の一方がある仕事を完成することを約し，相手方がその結果に対して報酬を与えることを約する契約を意味するが（民法632），地方自治法の規定の趣旨からみて，必ずしも厳密な意味での請負契約だけでなく，民法上の委任又は準委任にあたる場合であっても，工事又は製造の委託の性格を有する限り，議決の対象になると解される。

次に，金額については，各地方公共団体がその規模，契約の実情等を考慮して，条例で定めることができるが，政令の基準を下まわる金額を議決事件とすることはできない。

3　議決の対象

議会の議決の対象となる議案は，個々の具体的契約案件ごとに契約の目的，方法，金額，相手方等を具体的に示すものでなければならない。事務手続としては，予め長が相手方との間で，議会の議決を経た後に正式の契約を締結する旨の契約，いわゆる仮契約を締結し，その内容をもって議案を提出することになる。したがって，この議案は，事実上，長のみが発案することができ，議会としてはこれに対して可否を表明しうるだけで，修正することはできない。

4　議決を経た契約の変更

一般に，議会の議決を経た事項について，その内容を変更する場合には，改めて変更の議決が必要である。このことは，契約に関する議決についても当てはまることである。したがって，議決を得た後，契約内容に変更を生じることが予想される場合には，それが軽微な変更であれば改めて議会の議決を必要としないよう，長に委任する議決を得ておく方法がある。なお，すでに議決を得た契約の内容に変更があり，それが議決を要しない契約になった場合には，改めて議会の議決は要しないと解されている。逆に，これまで議決を要しない契約であったものが，要件を満たすようになった場合，議決を要することになる。

㉙ 意見表明権

自治法99

1 意見表明権の意義

　地方公共団体の議会は，その地方公共団体の事務に関しては，意思決定を行い，監視，調査を行うなどの手段により，関与をすることができるが，その地方公共団体の事務に属しない事項についてはこのような権限を行使することはできないのが原則である。しかし，地方公共団体の事務は，国又は他の地方公共団体などの事務と密接な関連を有していることが多く，相互に影響を及ぼすとともに，十分な配慮を必要とすることも少なくない。

　このようなことから，議会に対して，国又は他の地方公共団体等の事務で当該地方公共団体に関連を有するものに関して意見を述べる権限が認められている。ただ，従来は，機関委任事務について原則として議会の関与が認められていなかったため，特に議会に機関委任事務に関する説明の要求と意見の陳述をする権限を与える必要があったが，新制度においては機関委任事務が廃止されたことにより，議会の権限は極めて広いものとなっている。

2 意見書の提出

　議会は，当該地方公共団体の公益に関する事件につき意見書を国会又は関係行政庁に提出することができる（法99）。

　議会は，当該地方公共団体の事務については議決権等の権限を行使しうるが，意見書は，広く地方公共団体に関係を有する事項について主として地方公共団体の機関以外のものに対して，議会の意見を表明する手段といえる。意見書の範囲については，「地方公共団体の公益に関する」ものである限り，法律上，制限はない。現実には法律その他の制度の制定改廃，財政措置，公共事業の促進，外交問題その他国政又は地方公共団体等の事務事業の全般にわたって，意見書が提出されているのが実情である。

　意見書の提出先は，基本的には意見書の内容について権限を有する関係行政庁であり，従来は国会は含まないとされていたが，平成12年5月地方自治法の改正により，国会にも提出することができることとなった。国の

機関たると地方公共団体の機関たるとを問わない。しかし，裁判所は行政庁ではないので，これに対して意見書を提出することはできない。

意見書が提出された場合，国会又は関係行政庁としてはこれを受理すべきであり，誠実に処理すべきであるが，もとより，これによって法的な効果が生じることはない。

意見書は，地方公共団体の意思ではなく，機関たる議会の意思であるから，議員のみが発案し，議長名で外部に提出する。

3 決 議

議会が，法令に定められた事項以外の事項について，機関として意思決定し，それを表明することを，法令に基づく議決と区別して決議とよぶのが通例である。決議は，その内容，提出先等について法律上の制限がないので，国会又は行政庁でない機関，団体に対しても提出しうるが，このうちの相当の部分は，国に対する制度改正の要望等を内容とするものであり，その機能，性格は意見書と異ならない。したがって，決議は，実際上，意見書と同じように取り扱われることが多い。

㉚ 監 視 権

自治法98

1 監視権の意義

　議会は，地方公共団体の意思決定とともに，住民の代表機関として，長その他の執行機関の行政執行が適正に行われるよう監視し，長と議会との相互牽制を通じて民主的かつ公正な地方公共団体の運営を図ることをその任務としている。このような議会の職責のために認められている権限が，監視権といわれるものである。

　議会の監視権は，それ自体としては，地方公共団体の行政運営の実情を把握するにとどまり，これによって直接的な効果を生ずるものではないが，この結果に基づいて，条例の制定改廃，予算議決その他の権限を行使し，あるいは長その他の執行機関に措置を求め又はその責任を追及することができるのである。

　一般に議会の監視権という場合，検査権及び監査請求権（法98）を指すが，この検査権と監査請求権との違いは，検査権は議会が自ら行使する監視権であるのに対して，監査請求権は監査委員をして行わせるものである。また，前者は実地調査が許されないのに対して，後者は実地調査することができることである。

　また，監視権に類似する権限として，地方自治法第100条に基づく調査権がある。監視権と調査権の差異は，監視権が地方公共団体の内部において事務執行の実情を把握するための手段であるのに対して，調査権は対外的に実情を調査する手段であり，また，前者には強制力が与えられていないのに対し，後者には罰則によりその実効性が担保されていることである。

2 検査権

　地方公共団体の議会は，当該地方公共団体の事務に関する書類及び計算書を検閲し，当該地方公共団体の長その他の執行機関の報告を請求して事務の管理，議決の執行及び出納を検査することができる（法98①）。

　検査の対象は，地方公共団体の事務の全般にわたるが，自治事務にあっては労働委員会及び収用委員会の権限に属する事務で政令で定めるものを

除き，法定受託事務にあっては国の安全を害するおそれがあることその他の事由により議会の検査の対象とすることが適当でないとして政令で定めるものを除くものとされている。

検査の方法は，①書類及び計算書の検閲，②長その他の執行機関の報告の請求の2種類であるが，書面調査に限られ，議会自らが直接実地調査することはできない。

検査権は，議員個々に対して認められたものではなく，議会の権限として認められたものであるから，これを行使するには，議会の議決を要する。一般には，議決により，常任委員会又は特別委員会に委任して，検査を行わせる。

3 監査請求権

議会は，監査委員に対して，当該地方公共団体の事務に関する監査を求め，その結果の報告を請求することができる（法98②）。

監査請求権は，地方公共団体の事務執行の状況を把握するには専門の知識経験を有する監査委員をして行わせるのが適当な場合があること，特に実地調査については独任制の専門機関である監査委員をして行わせるのが適当であるとの理由によって認められたものである。

監査請求の対象は，検査権の場合と同じであり，当該地方公共団体の事務であるが，政令で定めるものは除かれている。

監査委員は，議会の請求があった場合，いわゆる特別監査として，事務事業の当不当，能率，効果等の全般にわたって監査することができる。財政援助団体等については，その出納その他の事務で当該財政援助等に係る部分だけが，監査の対象となる。

監査請求は，議決に基づいて行い，監査の一般的方針を指示することができると解されるが，監査そのものは監査委員の職務権限として行われる。

監査委員は，監査請求があったときは，監査を実施し，その結果を議会に報告しなければならない。

㉛ 調 査 権

自治法100，100の2，109

1 調査権の意義

　地方公共団体の議会は，当該地方公共団体の事務に関する調査を行い，選挙人その他の関係人の出頭及び証言並びに記録の提出を請求することができる（法100①）。この権限は，地方自治法第100条に規定されているところから，一般に，100条調査権とよばれる。

　議会が，地方公共団体の行政運営に関して情報を集め，実情を把握する方法としては，一般的な質問，説明要求，検査権，監査請求権等があるが，この調査権は，強制力を伴うこと，外部の関係人に直接証言等を求めうることを特色とする最も強力な手段である。

　地方公共団体の議会にこの調査権が与えられているのは，憲法第62条によって国会に国政調査権が与えられているのと同様の趣旨によるものであり，調査権の性格は，議会が議決権をはじめとする諸権限を有効適切に行使するために必要な補助的権限である。

2 調査の対象

　調査権の対象となる事項は，地方公共団体の事務全般であるが，自治事務にあっては労働委員会及び収用委員会の権限に属する事務で政令で定めるものを除き，法定受託事務にあっては国の安全を害するおそれがあることその他の事由により議会の調査の対象とすることが適当でないものとして政令で定めるものは除かれる。当該地方公共団体の事務である限り，現に議題になっている事項若しくは将来議題に上るべき基礎事項（議案調査）につき調査し，又は世論の焦点になっている事件（政治調査）等につきその実情を明らかならしめ，その他一般的に地方公共団体の重要な事務の執行状況を審査（事務調査）することができる。地方公共団体が財政援助，出資，契約等をしている場合，その財政援助等に関連して必要な限度において，関係団体又は個人も調査の対象となる。

3 調査権の限界

　調査権は，広く地方公共団体の事務の全般にわたって行使しうるが，そ

れが強制力を伴うものである以上，慎重に行使されるべきであり，次のような制約があるとされている。

①調査目的からの限界　　調査権は，議会の諸権限の有効適切な行使のための補助的手段として認められたものであるから，その調査目的が適正であり，かつ，その目的達成のため必要な範囲内で行使しなければならない。私的事項等は，調査権行使の限界をこえるものと考えられる。

②執行機関との関連　　議会と長その他の執行機関は，相互に独立の関係にあるので，議会の調査権も不当に執行機関の権限に介入するものであってはならない。昇任昇格等の人事に関する事項等が，これに該当する。

③基本的人権の保障　　個人のプライバシーに属する事項，思想，信条の自由は最大限に保護されるべきであり，原則として調査の対象とすることができない。なお，公務員の職務上の秘密については，官公署の承認がなければ証言等を請求することができない（法100④，⑤，⑥）。

4　調査の手続

調査権は，議決に基づいて行使されるが，常任委員会又は特別委員会に委任して行わせるのが通例である。

調査の方法は，一般的な委員会審査等の方法のほか，特に必要があると認めるときは強制的に選挙人その他の関係人に出頭及び証言並びに記録の提出を求めることができる。この強制調査が，100条調査権の特徴である。関係人とは，調査の対象となっている事件に関係を有するすべての者を指し，国の行政機関，当該地方公共団体の長その他の職員も含まれる。これらの関係人が，正当な理由なく，出頭，記録の提出，証言を拒んだ場合，6ヵ月以下の禁錮又は10万円以下の罰金に処せられる（法100③）。この罰則により，調査権の実効性が担保されているのである。

5　専門的事項の調査及び公聴会等

議会は，議案の審査又は当該地方公共団体の事務の調査のために必要な専門的事項に係る調査を学識経験者等にさせることができる（法100の2）。議会の審議にあたっては，本会議，委員会ともに公聴会，参考人制度があり，外部の専門的知見を活用できることを明確にしている（法109④，⑤，115の2）。

参考人の意見聴取はオンラインで行うこともできる。

32 請願及び陳情

自治法124, 125

1 請 願

①**意義** 　　　請願というのは，国民が国又は地方公共団体の機関に対してその職務に関する事項について希望を述べることである。この権利は，本来は自由権の一種と考えられるが，参政権の性格を有する基本的人権のひとつである。憲法第16条は，「何人も，損害の救済，公務員の罷免，法律，命令又は規則の制定，廃止又は改正その他の事項に関し，平穏に請願する権利を有し，何人も，かかる請願をしたためにいかなる差別待遇も受けない。」と規定し，請願権を保障している。その手続は，天皇，官公署及び国会に対するものは請願法，国会法等により，そして地方公共団体の議会に対するものは地方自治法により定められている。

　請願は，言論の自由の乏しかった時代においては，民意を国政に反映する手段として重要な役割を果してきたといわれるが，その機能は国民の意思を国又は地方公共団体の立法，司法，行政の諸機関に伝達することにとどまり，請願の相手方は，これを受理し誠実に処理しなければならないが（請願法 5），これに拘束されるものではない。

②**請願権者** 　　　請願は，自然人たると法人たるを問わず，日本国籍を有すると否とを問わず，また，当該地方公共団体の区域内に住所を有しているか否かを問わず，行うことができる。法人でなくとも，青年団，消費者グループ，PTA なども，その代表者の名義で請願をすることができる。

　教育委員会，選挙管理委員会等の行政委員会は，その地位にかんがみて，当該地方公共団体の議会に請願することができないのは当然であり，公立学校長など地方公共団体の機関たる地位にある者も，同様である。ただし，これらの者も住民たる個人の資格において請願することは可能である。

③**請願事項** 　　　請願することのできる事項は，憲法上とくに制限はないので，広く国又は地方公共団体の事務の全般にわたって請願することができる。

　地方公共団体の議会においても，地方公共団体の事務，長その他の執行

機関の専属的権限に属する事務の別を問わず，地方公共団体の職務権限に属するすべての事項について，請願としての形式，手続が整っている限り，これを受理しなければならない。地方公共団体の事務と全く関係のない事項，例えば国政に関する請願などについても，法定の形式を備えている限り，国民の請願権の行使であるから，この受理を拒否することは許されない。

④**請願の手続**　　地方公共団体の議会に請願しようとする者は，議員の紹介により請願書を提出しなければならない（法124）。議員の紹介を必要としているのは，請願の公正を期するためであるから，紹介議員を2人以上要するというように請願を制限する取扱いは許されない。

⑤**請願の処理**　　請願は，議会の開会中だけでなく閉会中においても，議長が受理する。受理された請願は，一般に委員会に付託され，審議を経て，議会の意思決定として，「採択」又は「不採択」に決定される。その基準は，内容の妥当性，処理権限の有無，実現可能性等であるが，請願の趣旨には賛成であるが内容の一部が実現困難なような場合には，「趣旨採択」とされることがある。

議会は，採択した請願で長その他の執行機関において措置することが適当と認めるものを，これらに送付し，その処理経過及び結果の報告を請求することができる（法125）。

2　陳　情

陳情とは，請願と同じく，国又は地方公共団体の機関に対して希望を述べることであるが，請願の要件である議員の紹介を欠くものである。これは，法的には憲法及び地方自治法でいう請願ではないので，請願権の行使としての保護は受けないが，地方公共団体の議会においては，陳情書でその内容が請願に適合するものは，請願書の例により処理することとしているので，実質的には同じ取扱いとなる。

33 議会の招集及び開会

自治法101，102の２，113

1　議会の活動能力

議会は，基本的に年間を通じて常に活動しうるものではなく，一定の期間すなわち会期中に限って，活動することができることとされている。このような会期制は，国会においてもとられているが，これは議会が合議制の意思決定機関であり，執行機関とは互いに独立し，別個の機能及び責任を分担しているところから，常時開いておく必要がなく，また，常時開いて活動させることは執行機関の事務処理に負担をかけるおそれがある等の理由によるものである。

2　議会の成立

議会が活動能力を有する状態になるためには，まず，議会が成立していることが必要であり，この前提のうえに招集が行われ，招集に応じて議員定数の半数以上の者が，所定の期日，場所に集合し，議会の開会が宣告されなければならない。議会の成立とは，在職議員数が議員定数の半数以上ある状態のことであり，議会は定数の半数以上の議員の出席がなければ会議を開くことができない（法113）以上，議会の招集の前提になる。

3　議会の招集

招集とは，議会が活動を開始する前提として，議員に対し，一定の期日に一定の場所に集合することを要求する行為である。議会は，招集があってはじめて，適法に活動能力を得ることができる。

議会を招集するのは，原則として長である（法101①）。しかし，例外的に議長に招集権が認められる場合がある。

議長は，議会運営委員会の議決を経て，また，議員は，その定数の４分の１以上の者から会議に付議すべき事件を示して長に対して臨時会の招集を請求することができることとされており，この請求があったときは，長は20日以内に議会を招集しなければならない（法101②，③，④）。しかし，この請求があったにもかかわらず長が臨時会を招集しないときは，議長が長に代わって議会を招集することができる（法101⑤，⑥）。

招集は，開会の日前，都道府県及び市にあっては7日，町村にあっては3日までにこれを告示しなければならない。ただし，緊急を要する場合には，この限りでない（法101⑦）。これは，議会招集の事実を議員及び住民に周知せしめるとともに，議員が招集に応じて参集しうる時間的余裕を与える趣旨である。緊急を要する場合とは，所定の日数の余裕を置くことができない程度に緊急に招集する必要がある場合のことであり，このときは，例外的に告示期間を短縮することができるのである。

招集の告示は，具体的な期日及び場所を示して行う。

なお，臨時会の場合は，付議すべき事件をあらかじめ告示しなければならない。

招集の告示をした後に災害その他やむを得ない事由により予定した開会日に会議を開くことが困難な場合には開会日を変更することができる（法101⑧）。

4　応招及び開会

応招とは，議員が招集に応じて参集することである。招集の期日において，応招議員の数が議員定数の半数以上あり，さらに，これが議会に出席しなければ，会議は開くことができない（法113）。したがって，この要件を欠く場合，その定例会又は臨時会は結局会議を開くことができないまま終了し，流会となる。

以上のように，議会が成立し，招集があり，これに議員が応招して，議員定数の半数以上の出席があってはじめて，議会は正規に活動しうる状態となるが，具体的な活動を開始するのは，議長が開会の宣告をしてからである。これによって，議会の一会期が始まりその会期が終了するまでの間，議会は継続して活動する能力を有することとなる。

議会が開会された後は，議会の会期及びその運営等については議会自らが定めることになる。

5　通年会期制での招集

条例によって一年間を会期とするいわゆる通年会期をとる場合においては，議員選挙後の招集を除き，長が招集することなく条例の定める日をもって長が招集したものとみなされる。（法102の2）。

㉞ 定例会・臨時会及び通年議会

自治法102, 102の2

1　意　義

　議会は，通常，常時活動しうるわけではなく，年に数回一定の期間会期を定め，その会期中に限り，活動能力を有するが，この会期の種類として，定例会と臨時会に区別される。付議事件の有無にかかわらず定期的に招集されるのが定例会であり，特定の付議事件を処理するために招集されるのが臨時会である。

　これに対して，平成24年地方自治法改正により，定例会・臨時会でなく，条例で定める日から翌年までの1年間を通して会期とする方式を選択しうることが認められた（法102の2）。これがいわゆる通年議会又は通年会期といわれるものである。

2　定例会及び臨時会

　①**定例会**　　定例会は，条例の定める回数，条例の定める月に必ず招集されなければならないものであり，それは付議事件の有無にかかわらない。そして，一たん招集され開会した定例会においては，いかなる案件をも取り扱うことができるのであり，議会の活動能力に関して制限はない。

　②**臨時会**　　臨時会は，必要がある場合において，その事件に限りこれを招集する（法102③）。議会の招集権は長の権限であるから，臨時会も長が招集するが，議長は議会運営委員会の議決を経て，議員もその定数の4分の1以上の者から会議に付議すべき事件を示して臨時会の招集を請求することができる（法101③）。この請求があったときは，長は臨時会を招集しなければならない。

　臨時会の特徴は，特定の事件に限って招集されることであり，議会の活動能力はこの事件に関してのみ認められるのが原則である。

　臨時会に付議する事件は一事件に限らず二事件以上でもさしつかえないが，それは法律上議会に付議すべきものとされている事件すなわち法令の規定に基づいて議会の権限に属する事項に限られる。必ずしも，議決事件に限らず，選挙，決定，同意等を含む。

臨時会に付議すべき事件は，あらかじめ告示しなければならない（法102④）。たとえ常任委員会の継続審査に付されている事件であっても，これについて臨時会を招集しようとするときは，付議事件として告示しなければならない。告示をしなかった案件については，臨時会では審議することができないのが原則であるが，臨時会の開会中に緊急を要する事件があるときは，直ちにこれを会議に付議することができる（法102⑥）。

3　通年議会（会期）

議会は条例で定めるところにより，定例会及び臨時会とせず，毎年条例で定める日から翌年当該日の前日までの1年間，例えば4月1日から翌年3月31日までを会期とすることができる（法102の2）。これが通年議会又は通年会期といわれる。これにより，長の招集を待つことなく，1年を通じて議会は活動しうる状態になる。

この通年会期を選択した場合，条例で定期的に会議を開く日（定例日）を定めなければならない（法102の2⑥）。

また，長は議長に対して付議すべき事件を示して定例日以外に会議を開くことを請求できる（法102の2⑦）。

このような通年会期の方式を選択できることとされたのは，1年に数回集中的に会議を開く定例会方式に比べて，多様な人材が議会に参画しやすいこと，議会として十分な審議時間を確保しやすい等より弾力的な議会運営が可能になると思われるからである。

反面，長その他の執行機関の負担が増大するおそれがあるため，執行機関の議場への出席については事務に支障がないよう配慮すべきものとされている（法121①，②）。

なお，通年議会の方式をとる場合，定例会，臨時会の方式に比べて，議会運営上，会期不継続の原則，一事不再議の原則，長の専決処分等が事実上影響を受けることになる。

㉟ 委員会制度

自治法109

1 委員会制度の意義

　地方公共団体の議会は，地方公共団体の意思決定，執行機関に対する監視等きわめて広範な権限を与えられているが，議会がこれらの権限を行使し活動するにあたって，議員全員が一堂に会して会議を開くのは経済性，能率性の点からみて必ずしも適当でない場合が少なくない。また，地方公共団体の行政が広範多岐にわたり，複雑化，専門化している現在，議員全員がすべての行政部門の審議に参加し，全員によって議事を進めることは，審議の正確性，迅速性という点から必ずしも適切ではない場合がある。このような観点から，議員全員による会議の短所を補い，能率的で専門的な議会活動を図るために設けられたのが委員会制度である。

　議会における委員会制度は，議会の内部的組織として，少人数の議員によって構成される委員会を設けて，議会から付託された事案について審査し，その結果をもとにして本会議を運営するという制度である。委員会の種類としては，主として行政部門別に常設される常任委員会，議会運営に関する議会運営委員会及び特定の事件に限って設置される特別委員会がある（法109）。

2 常任委員会

　①設置　　　　地方公共団体の議会は，条例で常任委員会を置くことができる。常任委員会の数は，地方公共団体の種類・規模等に応じて定められるべきものである。

　②常任委員の選任等　　　　常任委員会ごとの常任委員の数及び，その選任の方法等は条例で定められる（法109⑨）。

　③常任委員会の権限　　　　常任委員会の権限は，その部門に属する地方公共団体の事務に関する調査を行い，議案，陳情等を審査することである（法109②）。また，予算その他重要な議案，陳情等について公聴会を開き，真に利害関係を有する者又は学識経験を有する者等から意見を聴くことができる（法109⑤）。さらに，常任委員会は，議会の議決すべき事件のうち

その部門に属する当該地方公共団体の事務に関して，議会に議案を提出することができる（予算を除く）（法109⑥）。以上のように，常任委員会は広範な権限を有し，事実上，本会議に代って，議会の権限を行使するものであるが，その性格はあくまで議会の内部的組織として本会議の事前審議をすることであり，委員会の審議結果が本会議の審議とみなされたり，本会議に効果を及ぼすことはない。

常任委員会は，議会の会期中すなわち開会中でなければ活動能力を有しないが，議会の議決により付議された特定の事件については，閉会中も，なお，これを審議することができる（法109⑧）。これは継続審査とよばれ，会期不継続の原則の例外をなすものである。

3　議会運営委員会

地方公共団体の議会は，条例で議会運営委員会を置くことができる。これは議会の運営，会議規則，委員会条例に関する事項等に関して，調査，審査するものである。

4　特別委員会

地方公共団体の議会は，条例で特別委員会を置くことができる。

特別委員会は，議会によって付議された特定の事件を審査するために設置されるものである。一般には，予算特別委員会のように複数の常任委員会にまたがる案件を審査しようとする場合や特に重要な事件を審議するために設けられる。したがって，特別委員会は特定の事件ごとに設けられ，付議された事件が審議されている間だけ存在する。特別委員会の設置，委員の選任等については，常任委員会の場合と同じく，条例で定められる。

5　オンラインの方法による開催等

条例や会議規則等に必要な規定を設けたうえで，新型コロナウイルス感染症対策の観点等から委員会の開催場所への参集が困難な場合に，オンラインの方法により委員会を開催することは差し支えないとされている。

また災害の発生や育児・介護等の事由によって委員会への出席が困難な場合について，オンラインの方法により委員会へ出席することもできると解されている。

36 議案の発案権

自治法112, 149 I

1 発案権の意義

発案権とは，議案を議会に提出する権限のことである。議案という用語は，いろいろの意味に用いられるが，一般には，議会の議決すべき原案のすべてを意味するものであるから，議会の議決すべき事件に関しては，議案の提出が議会審議の第1段階であり，重要な手続の1つである。また，誰がどのような議案を議会に提出することができるかということは，一方において議会が自ら意思決定できる範囲を示すものであるとともに，他方では，議案の修正がどの程度まで許されるかその範囲を示すものであり，実際上もきわめて重要な意味を有している。

2 発案権者

議案は，予算を除き，議員及び長のいずれも提案することができるのが原則である（法112①，149 I）。議員が議案を提出するに当たっては，議員の定数の12分の1以上の者の賛成がなければならない（法112②）。長以外の執行機関である行政委員会及び公営企業管理者は，議案の発案権は認められていない（法180の6 II，公企法8）。

しかし，この原則は，本来，議案のうち地方公共団体の団体意思の決定に係る議案のみについて適用されるものであり，それ以外の議案についてはそれぞれ議案の性格に応じて発案権の所在が異なる。また，団体意思の決定に関する議案についても，その性質により発案権が議員か長の一方だけに専属する場合があると解されるのが通説である。

3 発案権の所在

一般に，議案すなわち議会の議決すべき事件は，①議会の議決がそのまま地方公共団体の意思となるもの（団体意思の決定），②議会の議決が機関たる議会の意思決定にとどまるもの（機関意思の決定），③長がその事務を執行するに当たり，その前提として議会の議決を要することとされているもの（長の事務執行の前提要件）の3種類があるといわれる。そして，この3種類の議案の性格に応じて，発案権の所在も異なると考えられる。

①団体意思の決定　　地方公共団体の団体意思を決定するための議案については，明文をもって長のみに発案権の専属する予算を除き（法112①但し書），原則として，議員及び長のいずれも発案することができる。この種の議案の典型は，条例であり，議員，長の双方に発案権があるのが通常であるが，例外的に条例の性格によって，いずれかに発案権の専属するものがあると解するのが通説である。例えば，地方事務所，支所等の設置条例（法155），行政機関の設置条例（法156），局部，部課の組織条例（法158），特別会計設置条例（法209②）等のように，本来，長の権限と責任において定めるべき条例の発案権は長に専属し，逆に，常任委員会条例（法109①），特別委員会設置条例（法109①）等議会の自主的運営に委ねるべき事項に関する条例の発案権は，議員に専属すると解される。このような差異が認められるのは，条例の性質に基づくと同時に，法律の規定も「長は，条例で……する。」又は「議会は，条例で……する。」という文言になっており，これが間接的に発案権の所在を示す根拠になると考えられているのである。

　以上のことは，条例以外の議決事件についても当てはまることであるが，特に地方自治法第96条第1項第5号以下の契約，財産の処分等に関する議案等は，その事案の性質が，地方公共団体の意思の決定というよりも長の事務執行を適正ならしめるための一手続であるため，その事務手続上も議員が発案する余地はなく，事実上長に発案権が専属する。

②機関意思の決定　　意見書の提出（法99），会議規則の制定（法120），議員の懲罰（法134①）など議会の機関意思の決定に係る議案は，本来議会の自律的作用に属することであり，当然，議員だけが発案しうる。

③長の事務執行の前提要件　　副知事・副市町村長の選任の同意（法162）等に関しては，その性質上，長のみが発案することができる。これらは，長がその固有の権限を行使しようとするに当たり，議会による民主的統制を受けさせる目的のものであり，議会の同意等はあくまで受動的なものにすぎない。

37 定足数の原則

自治法113

1 定足数の意義

議会は、合議制の機関であるから、議会を構成する議員全員が出席して会議を開き、議事を行うのが理想的である。しかし、実際には、病気その他の事故もあることであり、議員全員の出席を会議の要件とするのは、議会運営上かえって適当でない。反対に、ごく少数の議員だけで会議を開き、議事を行うことは、住民の代表機関であり重要な権限を行使する議会として、決して適当でない。そこで、議会においては、構成員である議員の一定数以上が出席しなければ会議を開くことができないといういわば必要最小限度の出席者の数を定めている。これが定足数である。

2 会議の定足数

地方公共団体の議会は、原則として、議員の定数の半数以上の議員が出席しなければ、会議を開くことができない（法113本文）。定足数の基礎となる議員数は、条例で定められた議員定数であり、出席議員のなかには議長を含む。例えば、議員定数20名の議会においては、議長を含めて10名又はそれより多くの議員の出席があれば、会議を開くことができるのである。

地方自治法第113条の規定する定足数は、会議を開くための要件であるだけでなく、議事を行い、議決、決定、選挙等すべての議会の意思決定をするための要件でもある。すなわち定足数は、議会が会議を開き、その会議を継続するための要件である。

なお、在職議員数が議員定数の半数以上ある状態を「議会の成立」というが、これは会議を開くための絶対的な前提要件であり、在職議員数が議員定数の半数に満たない状態すなわち議会の不成立の場合においては、補欠選挙等により議会が成立しない限り、会議を開くことはできない。

3 特別な定足数

議会の定足数は、原則として議員定数の半数以上であるが、特に重要な議決に関しては、特別の定足数を定めていることがある。これは、議決の際の要件であり、その会議を開くに当たっては、通常の定足数で足る。な

お，このような特別の定足数の基礎となる議員数は，通常の定足数とは異なり，議員定数ではなく現に在職する議員数である。

特別多数の定足数としては，議員の3分の2以上の出席を要する場合として，住民の直接請求による副知事・副市町村長，指定都市の総合区長，選挙管理委員，監査委員又は公安委員会の委員等の解職の議決（法87①），議員の除名の議決（法135③），長の不信任の議決（法178③）があり，議員の4分の3以上の出席を要するものに「地方公共団体の議会の解散に関する特例法」に基づく自主解散の議決がある。

4　定足数の例外

地方自治法上，定足数の原則の例外として，出席議員数が定足数に満たない場合であっても会議を開きうる場合が定められている。この場合であっても，まず，議会が成立していることが前提であり，合議制の議会の性格上，少なくとも議長以下3名以上の議員の出席がなければならない。この定足数の例外が認められる場合は，①除斥のため半数に達しないとき，②同一の事件につき再度招集してもなお半数に達しないとき，③招集に応じても出席議員が定数を欠き議長において出席を催告してもなお半数に達しないとき又は半数に達してもその後半数に達しなくなったときである（法113但し書）。

5　定足数を欠く議決の効力

定足数を欠いた会議は，正当な会議とはみなされないので，このような会議においてなされた議決，決定，選挙等は，原則として無効である。ただ，定足数の認定は議長の権限であるから，議長が定足数ありとして会議を開いた以上，その議決，決定等は一応有効の推定をうけ，会議規則の定めるところにより議会によって取り消され，又は違法な議決等として長の再議に付される等の措置がとられるまでは，有効なものとして取り扱われることになる。

38 会議公開の原則

自治法115

1 会議公開の意義

地方自治法第115条第1項は、「地方公共団体の議会の会議は、これを公開する。」と定め、会議公開の原則を明らかにしている。

会議公開の原則は、議会制度の基本原則の1つであり、住民の代表機関である議会の会議を公開することにより、議会の活動状況や議員の言動を広く選挙権者である住民に知らせるとともに、住民の監視の下に民主的かつ公正な議会運営を図ることを目的とするものである。

この会議公開の原則に対しては、例外として秘密会の制度がある。また、これは、いわゆる本会議にのみ適用される会議原則であるから、直接には常任委員会又は特別委員会には適用されないが、民主的な議会運営の根本原則として委員会についても極力尊重されなければならない。

2 会議公開の内容

会議公開の原則は、一般に、傍聴の自由、報道の自由及び会議録の公表をもって、その内容としているといわれる。

①傍聴の自由　　傍聴の自由とは、住民その他議員以外の者が会議の状況を直接見聞することができる自由のことである。通常は、議事堂に設けられた傍聴席において傍聴する。

傍聴の自由は、会議の円滑な進行を妨げない範囲内において認められるものであるから、傍聴人が公然と可否を表明し、又は騒ぎ立てる等会議を妨害するときは、議長はこれを制止し、その命令に従わないときは、これを退場させ、必要がある場合においては、これを警察官に引き渡すことができる。さらに、傍聴席が騒がしいときは、すべての傍聴人を退場させることもできる（法130①、②）。

なお、会議の傍聴に関して必要な規則は、議長が定める（法130③）。

②報道の自由　　報道の自由とは、報道機関が議会の状況を新聞、テレビ、ラジオ等によって、広く住民に知らせる自由をいう。通信手段の発達している今日では、会議公開に関して最も重要な機能を果たしているの

は，報道の自由であるといえる。したがって，報道の自由は最大限に尊重されなければならないが，報道関係者も傍聴人として議場の紀律に服するのは当然である。実際上，議事堂の中には一般の傍聴席とは別に報道関係者の席が設けられており，取材及び報道については一般傍聴席とは異なる取扱いとされることが多い。

③会議録の公表　　会議録とは，議長が事務局長等に書面又は電磁的記録により作成させるもので，会議の次第，出席議員の氏名等を記載又は記録した公式の記録である（法123）。

会議録の公表に関しては，国会の会議記録の公表に関して憲法第57条第2項の定めがあり，会議公開の原則からみて，住民から閲覧請求があったときは，秘密会の議事その他特別の事情がある場合を除き，その請求に応じなければならない。もちろん，必ずしも原本を閲覧に供する必要はなく，取り消しされ又は訂正された発言等を削除修正した副本等を公表すれば足りる。

3　秘密会

会議公開の原則の例外として，議会は秘密会を開くことができる（法115①但し書）。秘密会は，個人の名誉，秘密に関する事項等公開で審議を行うのが適当でない場合に，議員及び議会の認めた執行機関等の関係者を除き，傍聴人等を議場外に退去させて，議事を行うことである。

秘密会を開くことは，公開を原則とする議会の例外であるから，特に慎重な手続を要することとされ，議長又は議員3人以上の発議により，出席議員の3分の2以上の多数の議決が必要である。しかし，非公開ということを別にすれば，秘密会の性格は通常の会議と異なるものではない。したがって，秘密会において審議を行い議決をすることも法的には可能であるが，秘密会は必要最小限とし，議決等は公開で行うことが望ましい。

なお，秘密会の議事は，その秘密性が続く限り，外部に公表することは許されず，議員が秘密を漏らした場合は地方自治法違反，職員の場合には地方公務員法違反として，処罰の対象になる。この限りにおいて，会議録の公表も制限されることになる。

㊴ 過半数議決の原則

自治法116

1 意　義

　議会の意思決定は，合議体の意思決定の共通の方法として，各議員が議案又は動議に対してそれぞれ賛否を表明することによって行われるが，地方公共団体の議会の議事すなわち意思決定は，原則として，出席議員の過半数で決することとされている（法116①）。これは，議決，決定，同意，承認等という名称のいかんを問わず，また，団体意思の決定，機関意思の決定，長の事務執行の前提要件という議案の性格のいかんを問わず，共通の方法であり，原則である。ただし，議会の意思決定のなかでも選挙だけは，相対多数によって意思決定が行われるので，絶対多数を要件とする意思決定つまり議決とは，区別される。

　なお，一般に，各議員が議会に付議された案件に関する議会の意思決定のために，それぞれ賛否を表明することを表決とよび，議長が表決をとることを採決とよび，表決の結果得られた意思決定を議決とよんでいる。

2 特別多数議決

　議会の意思決定たる議決は，原則として，出席議員の過半数により決するが，特に重要な案件に関する意思決定については，特別多数の議決を要することとされている場合がある。事務所の位置を定める条例（法4③），秘密会（法115①），議員の資格決定（法127①），一般的拒否権により再議に付された議決の再議決（法176③）等について，出席議員の3分の2以上の特別議決を要することとされ，また，直接請求による副知事・副市町村長，その他主要公務員の解職の議決（法87①），議員の除名処分（法135③），長の不信任議決（法178③）が，出席議員の4分の3以上の者の特別多数決を要することとされているのが，これである。

3 表決権者

　議会の意思決定である議決に参加できるのは，出席議員に限られ，表決についての委任又は代理が認められないのはいうまでもない。また，出席議員というのは，採決の際，議場にいる議員で議題とされている案件につ

き適法に表決権を有する者を意味する。したがって，議長を含めて20人が会議に出席している場合，出席議員の数は全員から表決権を有しない議長を引いた19人であり，その過半数とは10人以上ということになるのである。ただし，特別多数決を要する案件については，議長も議員として表決権を有するので，当然に，出席議員に数えられる。

4　議長の裁決権

議会の意思決定は，原則として，出席議員の過半数で決するが，可否同数のときは，議長が決する（法116①）。議長のこの権限を，裁決権という。

議長の裁決権は，否決つまり現状維持の方向で行使するのが望ましいといわれている。これは，議決機関たる議会は，賛否があいなかばする案件については，特に積極的な理由がない限り，現状を変更するのに慎重であるべきであり，公正中立の立場において会議を主宰する議長としては，現状を維持する方向で裁決権を行使するのが適当という理由によるものであるが，法律的には，議長は積極，消極いずれも裁決権を行使しうる。なお，特別多数決を要する事項については，可否同数ということはありえないので，議長も当然に表決権を行使することができ，裁決権の問題は生じない。

また，議長が自ら討論に加わったとき等，副議長，仮議長等が議長の職務を行う場合においては，その議長の職務を行う者が表決権を有せず，その代り裁決権を行使することになる。

なお，可否同数とは何かについて若干問題がある。すなわち，出席議員のうち棄権又は賛否いずれも表示しない白票を投じた者がある場合，それらを除いて，可否が同数であれば可否同数であるのか，それとも，出席議員のすべてが可否を表明してそれが同数のときだけを可否同数とみるのかということである。これについて，行政解釈は前者の立場をとっているが，このような問題が生じるのを避けるため，実務上，予め白票を反対（否）とみなす取扱いと定めていることが多い。

⑩ 会期不継続の原則

自治法119, 109⑧

1 意 義

　地方自治法第119条は，「会期中に議決に至らなかつた事件は，後会に継続しない。」と定め，会期不継続の原則を明らかにしている。

　議会は，通常，各会期つまり各定例会又は臨時会ごとにそれぞれ独立して活動能力を有するものであるから，前と後の会期は継続せず，前の会期中に議決されなかった案件は会期終了とともに消滅し，後会に引き継がれることはないのである。会期不継続の原則は，議会の意思決定が会期ごとに独立していることを意味するものであるから，ここで「議決に至らなかった事件」というのは狭義の議決事件のみならず決定，選挙，同意等およそ議会の意思決定のすべてについて，それらが可否いずれとも意思決定されなかった場合を指すものである。このように，議会において意思決定されなかった案件は，いわゆる審議未了として，議案としての一切の効果が消滅するので，当該案件を審議する必要があるときは，次の会期に改めて提案し直さなければならない。

　審議未了の案件は，可否いずれとも意思決定がなされないまま消滅し，結局，不成立ということになるので，結果的には否決と同じ効果を生じることになる。しかし，否決は議会の意思決定であるのに対して，審議未了は議会が会期中に意思決定しなかった事実に伴う効果であり，再議，専決処分等の要件として，異なる取扱いをされることがある。

　なお，議会が会期中に可否の意思決定をしえない場合においては，一般の案件は審議未了，廃案となるが，これには例外がある。すなわち，住民の直接請求に基づく条例の制定改廃（法74）に関しては，議会は必ず議決つまり意思決定をすることを要し，審議未了，廃案とすることはできないと解されている。これは議会が明確な意思決定をすることが，住民の参政権にこたえる責任ある態度と考えられるからである。

2 会期不継続の原則の例外

　①継続審査の意義　　会期不継続の原則の例外として，ある会期に議

会に提案され審議された案件が，その会期終了後の閉会中も委員会において審査され次の会期に継続される方法が認められている。委員会による閉会中の継続審査がこれである。これについて，地方自治法第109条第8項は，「委員会は，議会の議決により付議された特定の事件については，閉会中も，なお，これを審査することができる。」と規定している。

この継続審査の制度は，会期中に結論を得るに至らなかった案件について，その審議をさらに継続させ，慎重に結論を出し意思決定する方途を認めたものである。したがって，その趣旨からみて，閉会中の継続審査に付された案件は，当然，後会に継続するものであり，次の会期に改めて提案する必要はなく，そのままで審議し議決することができる。

②**手続**　　継続審査にするためには，特定の具体的事件を閉会中常任委員会又は特別委員会に審査させる旨の議決が必要であり，継続審査に付された案件を次の会期においてさらに継続させようとする場合，再度，継続審査に付す旨の議決が必要である。なお，この案件の継続する後会というのは，次に開かれる定例会のことであるから，その前に臨時会が開かれたとしても，これにかかわりなく次の定例会まで継続し，臨時会においては特に付議事件として告示されていない限り，継続審査に付された案件を審議することはできない。

③**継続審査の消滅**　　継続審査は，議会が同一性を維持していることを前提として認められるものであるから，議員の一般選挙があり議会の構成が変わったときは，議会の同一性が失われることになり，その時点で継続審査中の案件は消滅すると解されている。

3　通年会期

条例によって定例会・臨時会でなく1年間を会期とする通年会期をとる場合も，条例で定められた会期のほか，議員の任期満了等により会期は終了するので（法102の2③）各会期が独立していることは基本的には定例会・臨時会の場合と同じである。

㊶ 会議の運営

自治法120

1　議会運営の手続

　地方自治法は，議会の運営については，本会議についていわゆる会議原則及び一般的手続を定めるほか，細目的事項については会議規則を設けて定めるべきものとしている（法120）。

　会議規則は，議会の運営に必要な手続及び内部紀律に関して，議会がその自律権に基づいて定める自主法であり，原則として対外的効力を生じないが，請願・陳情の取扱い等一般住民に直接関係を有する事項もある。

2　会議原則

　議会の会議運営の基準となる諸原則は，会議原則とよばれる。これは，会議運営を円滑かつ効率的ならしめ，会議目的を達成するためのもので，地方自治法又は会議規則の中に明文で定められているものもあれば，慣習法あるいは条理として当然に認められているものもある。これらは，直接的には，本会議にのみ適用されるものであるが，その趣旨はできるだけ委員会の運営にも活かされる必要がある。

　会議原則の主要なものは，次のようなものである。

　①**会議公開の原則**　　　議会の会議は，公開とするが，例外的に秘密会を開くことができる（法115①）。

　②**定足数の原則**　　　議会は，原則として，議員の定数の半数以上の議員が出席しなければ，会議を開くことができない（法113）。

　③**過半数議決の原則**　　　議会の議事は，原則として，出席議員の過半数で決する。過半数の原則とよばれることもある。これには，法令により特別多数による議決を要求している例外が認められている。なお，可否同数のときは，議長が決する（法116）。

　④**会期不継続の原則**　　　議会は，各会期ごとに独立してその活動能力を有するものであるから，会期中に議決に至らなかった事件は，後会に継続しない（法119）。この原則には，例外として，閉会中における委員会の継続審査がある（法109⑧）。

⑤**一事不再議の原則**　　一度議会で議決した同一の問題については，同一会期中においては，再び審議の対象とはしない。

3　議事手続

①**会議の開閉**　　会議は，議長の開議の宣告によって始められる。その日の会議の開閉は，議長の権限であるが，その権限の濫用を防ぐため，議員定数の半数以上の者から請求があったときは会議を開かなければならないこととされ，この場合及び議員中に異議があるときは，会議の議決によらない限り，その日の会議を閉じ又は中止することができない（法114）。

②**議案の審議**　　議事は，議長の作成した議事日程に従って進められる。一般に，議案が提出されると，議案の審議は常任委員会に付託され，委員会の審議の結果が本会議に報告された後，これを本会議で審議し，議決することになる。その審議の過程において，質問，質疑，討論，表決が行われる。

質問は，議題とは直接関係なく，地方公共団体の事務一般について，執行機関に対して説明を求めることで，一般質問と緊急質問がある。

質疑は，議題となっている事件について，提案理由の説明が終了した後，討論，採決の前提として，その内容を明確にするため，提案者に対し，事実又は見解について疑義を質すことである。

討論は，議題になっている事件に対する賛否の意見の表明である。質疑が終了した段階で，賛成又は反対の意見を表明し，賛同者を得るよう説明するのが，討論の目的である。

表決は，議案その他の案件について，各議員が賛否の意思表示をすることである。議案等の審議の最終段階であり，これにより議会の意思決定が行われる。表決は，通常，起立の方法で行われるが，投票による表決，簡易表決の方法も用いられる。

4　オンラインの方法による審議

議会の意思を決定するための本会議の議事は，表決だけでなくその前提となる質疑，討論を含めて議員が議場に出席して行うこととされている（法116）。従って，オンラインで行うことはできない。ただし，一般質問については所要の手続きのもとでできるものとされている。

㊷ 議案の修正

自治法115の3

1 修正の意義

　議案の修正とは，議会において議案の内容の一部を加除訂正する等の方法により変更することである。議案の原案どおりの可決又は否決と並んで，修正可決も議会の意思決定の一態様である。

　議会は，議案を審議して意思決定を行う過程において，必要があると認めるときは，議案を修正する意思決定をすることができるのが原則であるが，議案の種類，性格によっては，その修正が制限されあるいは許されない場合がある。このことは，予算については，明文の規定が置かれているが，それ以外については議案の発案権との関連性又は予算の修正の制限からの類推によって導かれるものであり，法令の解釈上問題になることがある。

2 修正の動議

　議案の修正は，議案たる原案に対して，議員が修正の動議を提出し，これについて議会が意思決定するという形式で行われる。

　修正の動議について，地方自治法第115条の3は，「普通地方公共団体の議会が議案に対する修正の動議を議題とするに当たつては，議員の定数の12分の1以上の者の発議によらなければならない。」と定めているが，ここでいう議案は，第112条の場合と同じく地方公共団体の団体意思を決定するためのものを意味する。したがって，議会の機関意思を決定するための議案については，地方自治法上の提出要件は適用がなく，会議規則等に定める手続によって提出することができる。なお，修正の動議も，議案の提出と同じく，文書による修正案をもって行うべきものとされている。修正案は，原案に代るべき案であり，修正案が可決されると，その可決された部分については原案に代ることになるので，議案と同じ形式のものでなければならない。すなわち，条例については条例の一部改正案の形式，予算については款項の金額を明確に表示したものであることを要する。単なる修正意見あるいは撤回し修正のうえ再提出を求める動議は，正確な意味

では修正案ではなく，一種の要望であると考えられる。

3　修正の範囲

　議案の修正は，原案に対する変更であるから，修正しうる範囲は原案の種類，性格の差異に応じて異なる。

　一般的には，地方公共団体の団体意思の決定に係る議案，すなわち地方自治法第96条に規定されている議決事件については，議会は修正することができるが，長の事務執行の前提要件となるべき議決に係る議案については，議会が修正することはできず，単に可否を表明しうるにすぎない。もとより，修正というのは，原案が変更可能な場合にのみ行われうるものであるから，副知事・副市町村長等の選任の同意を求める議案だけでなく，契約議案，財産の取得，処分に関する議案のように予め内容を確定したうえで提案されるものについても，その性格上，また事務手続上，議会において内容を修正することはできないものと解される。

4　修正の限界

　議案の修正は，それができる場合においても無制限に行うことができるものではなく，議案の発案権との関係において，限界があると解するのが行政実例及び通説の見解である。この見解によれば，長に発案権の専属する議案については，長の議案発案権を侵害するような修正は，事実上，議員の発案を認めるのと同じ結果をもたらすので，長の権限の侵害となり許されないことになる。これは，長に発案権の専属する予算について，地方自治法が「増額してこれを議決することを妨げない。但し，普通地方公共団体の長の予算の提出の権限を侵すことはできない。」（法97②）と規定していることとの均衡又は類推から導かれるものである。

　具体的にどこまでが長の提案権を侵さない範囲内であるかは，個別の具体例に即して判断するほかはないが，一般には，現状と改正案の間までは修正することができ，それ以上の大幅な修正は長の提案権の侵害になると解されている。例えば，現在２か所に設置されている地方事務所を５か所に増やす条例の改正案が提案されている場合，議会としては地方事務所の数を２か所から５か所の間で修正することはできるが，それ以上に増やすような修正はできないことになる。

㊸ 予算の修正

自治法97②

1 予算の修正の意義

　予算は，条例と並んで，地方公共団体の基本的な団体意思であるから，議会が予算を審議する過程において，長の提案した予算案の内容の一部を修正することができるのは，議会の基本的な権限の行使として当然のことである。しかし，予算については，議会への提出権が長のみに存し，議員には与えられていないことと関連して，その修正権にも自ずと一定の限界があるとされ，地方自治法第97条第2項により，「議会は，予算について，増額してこれを議決することを妨げない。但し，普通地方公共団体の長の予算の提出の権限を侵すことはできない。」と定められているのである。この規定は，一方においては，議会は予算を減額修正は勿論のこと増額修正をしうることを確認するとともに，他方においては，増額修正するにあたっては一定の制限に服すべきことを明らかにしたものである。

　予算の増額修正というのは，予算全体を増額する場合と予算全体には変更がないが特定の款項の金額を増加する場合を含むが，予算についてこのような増額修正の限界が定められているのは，議員に対して予算の発案権が認められていない以上，実質的に議員に発案権を認めるのと同じ結果になるような大幅な増額修正を許すべきではないということである。また，予算は歳入歳出の的確な見通しのもとに均衡をもって調整されるものであるから，無制限な増額修正によって，予算の整合性が失われ，また，その執行が困難になることを避ける必要があるのである。

　なお，予算修正に限界があるという理由は以上のとおりであるので，この趣旨から，予算の減額修正に関しては特に制約はなく，特定費目の減額削除が義務費の減額削除等として一定の法律効果を生じる（法177）ことがあるのを別にすれば，自由に減額修正することができる。

2 増額修正の限界

　予算のどのような増額修正が「長の予算の提出の権限を侵すこと」に該当するかは，必ずしも明確ではない。これについて，従来は，概ね，議会

に提出された予算案の中に全然含まれていない新たな款項を加え，又は新たな事業を加えることが，長の予算提出権を侵すことになると解されていた。しかし，昭和52年10月，国会における予算修正権に関する政府見解が変更されたのに伴い，この行政解釈が変更され，「当該予算の趣旨を損うような増額修正をすることは，長の発案権の侵害になると解する。予算の趣旨を損うような増額修正に当たるかどうかを判定するに当たっては，当該増額修正をしようとする内容，規模，当該予算全体との関連，当該地方公共団体の行財政運営における影響度等を総合的に勘案して，個々の具体の事案に即して判断することが必要である。なお，このことは，歳入歳出予算だけでなく，継続費，債務負担行為等についても，同様である。」（昭52.10.3自治省通知）とされた。つまり，長の予算提出権を侵すような修正であるかどうかについて，従来は予算修正の形式に着目して判断していたのであるが，現在では，形式よりもむしろ実質的に予算の趣旨を損うか否かを判断の基準にすることになり，事実上，従来よりも現在の方が，議会における予算の増額修正権の範囲は広く解されているといえる。

なお，予算のうちで議会の議決の対象となるのは款項までであって，執行科目である目節及び事項別明細書は議決の対象とはならないので，款項に影響を及ぼすものでない限り，法的には，これらについての修正はできないものと解される。この場合でももちろん，長が議会の意思を尊重して，それらを変更することはありうることである。

3 予算の修正の手続

予算修正の手続は，条例その他一般の議案の場合と同様である。すなわち，議員定数の12分の1以上の者の発議により修正の動議を提出する方法による。これは，文書により，修正すべき箇所と金額を明確に示して行わなければならない。これらが明らかでないものは，単なる要望の性格を有するものであり，長を法的に拘束するものではないと解される。

予算修正の議決がなされた場合，長がこれに対して異議があるときは，一般的拒否権を発動することができるほか，予算に関する特別の再議に付することが認められている。これは予算における長の優越的地位を示すものである。

㊹ 議会の紀律

自治法129, 130, 131

1 紀律の意義

議会の公正円滑な運営を図るために，議員はもとより議事に関係ある執行機関，職員及び傍聴人等は議会の秩序の維持に協力し，紀律を守らなければならない。議会の紀律は，本来，議会の自律作用に属するものであるが，地方自治法は議員及び傍聴人の紀律について定めており，また，会議規則，傍聴人規則等に具体的に規定されている。

なお，紀律とは主として現在及び将来における議会の会議の秩序維持のことであるが，広義においては過去における秩序違反に対する制裁である懲罰を含むことがある。

議会の紀律の方法としては，会議における議員及び傍聴人に関して，一般的に議長に包括的な権限が与えられているほか，議員については議会の自律権の発動たる懲罰を科することによって行われる。

2 議場の秩序維持

①議長の秩序維持権　議長は，一般的包括的に議場の秩序保持権を有する（法104）。具体的には，議長は，会議中地方自治法又は会議規則に違反しその他議場の秩序を乱す議員があるときは，これを制止し，又は発言を取り消させ，その命令に従わないときは，その日の会議が終るまで発言を禁止し，又は議場の外に退去させることができるのである。さらに，議場が騒然として整理することが困難であると認めるときは，その日の会議を閉じ，又は中止することができる（法129）。

②議員の要求による秩序維持　議場の秩序維持権は議長にあるが，議場の秩序を乱し又は会議を妨害するものがあるときは，各議員は議長の注意を喚起することができる（法131）。議長の権限が適切に行使されていない場合の措置要求権であるが，この場合の「秩序を乱し又は会議を妨害するもの」とは議員だけでなく，長その他の執行機関及び傍聴人等のすべてを含む。

また，会議又は委員会において，侮辱を受けた議員は，これを議会に訴

えて処分を求めることができる（法133）。侮辱とは，要するに人の名誉を傷つけ，又は人をあなどり，はずかしめる行為のことであり，議員のこのような言動によって侮辱を受けた議員は，懲罰の要件の特例として，1人でも懲罰の要求をすることができるのである。

　③議員の品位の保持　　　議場の秩序維持には，まず，議員その他関係者が自ら努めるべきであるが，地方自治法はとくに議員の発言について，「議会の会議又は委員会においては，議員は，無礼の言葉を使用し，又は他人の私生活にわたる言論をしてはならない。」ことを明らかにしている（法132）。「無礼の言葉」に当たるかどうかは，社会通念上，議員の正当な発言の範囲内かどうかによって判断するほかはない。

3　傍聴人の秩序維持

　傍聴人の秩序を保ち，不当な言動を制止することも，議長の権限である。すなわち，「傍聴人が公然と可否を表明し，又は騒ぎ立てる等会議を妨害するときは，普通地方公共団体の議会の議長は，これを制止し，その命令に従わないときは，これを退場させ，必要がある場合においては，これを当該警察官に引き渡すことができる。」（法130①）。さらに，「傍聴席が騒がしいときは，議長は，すべての傍聴人を退場させることができる。」（法130②）。

　なお，会議の傍聴に関し必要な規則は，議長が定めなければならない（法130③）。これは，一般に，傍聴規則とよばれるものである。

4　議事堂の管理

　議事堂は，議会の活動の場としては，議長の秩序維持権の下におかれ，物的施設である行政財産としては長の財産管理権の下におかれる（法149Ⅵ）。したがって，議会の閉会中その他会議が開かれていないときに議場が占拠されたような場合，長が財産管理権に基づいて必要な手段をとることになる。また，議事堂に不法に侵入した者等に対する措置も，通常，長の財産管理権に属するものと考えられる。なお，長は議事堂の財産管理に関する権限を，議会事務局長等を長の補助職員に併任したうえで，これに委任することができる。

㊺ 議員の懲罰

自治法134，135

1 懲罰の意義

議会は，地方自治法並びに会議規則及び委員会に関する条例に違反した議員に対し，議決により懲罰を科することができる（法134①）。議会の議員に対する懲罰は，議会の紀律と品位を保持するため，議会の秩序を乱した議員に対して議会がその自律作用として科する制裁である。

懲罰は，議会に対してそれを構成する議員という特別の身分関係いわゆる特別権力関係に基づいて，議員の議会運営上の非行に対して科される制裁であり，一般の刑罰とは性格を異にする。したがって，現に議員たる身分を有する者だけに科され，たとえ議員在職中に非行があってもすでにその身分を失った者に対しては科すことができない。また，懲罰は，特別権力関係に基づくものであるから，その関係からの排除すなわち議員たる身分のはく奪を限度として認められる。

2 懲罰理由

懲罰理由は，地方自治法，会議規則及び委員会に関する条例に違反したことに限られる（法134①）。懲罰は議員の議会の秩序を乱した行為に対して科されるものであるから，原則として，会期中において議会の活動の過程として，議場内においてなされた行為に限って，懲罰の対象となる。したがって，議会運営と関係のない議員の議場外における個人的行為は，それがたとえ刑事責任を問われるものであっても，懲罰事由とすることはできない。また，議会の閉会中における議員の行為は，閉会中の継続審査のために開かれた常任委員又は特別委員会（法109⑧）におけるものに限って，懲罰の対象となるのが原則である。

しかし，議場外の行為であっても，議員が議会の開会を阻止し流会に至らしめるような行為，議会の派遣により視察，調査を行っている際の行為等は懲罰理由になり，また，会期外の行為であっても，秘密会の議事の漏洩等は，懲罰の理由になる。これらの行為は，議会活動と場所的，時間的に接近する等密接不可分の関係にあるからである。なお，地方自治法上の

特別の懲罰理由として，議員の侮辱（法133），正当な理由のない欠席（法137）等がある。

3　懲罰の種類

懲罰の種類は，次の4種類である（法135①）。

①公開の議場における戒告　議長から，被処分者に対して将来を戒める旨の申渡しをすることで，懲罰としては最も軽いものである。

②公開の議場における陳謝　被処分者に，議会の定めた陳謝文を朗読させるもので，戒告より重い。

③一定期間の出席停止　当該会期中の一定期間を定めて議会への出席を禁止するものである。出席停止の期間は同一会期中に限られ，次の会期にわたることはできない。

④除名　被処分者の議員の身分をはく奪するものであり，懲罰の中で最も重いものである。

除名処分は，議会の自律的作用ではあるが，議員の身分に関するものであるから，特に慎重な手続が定められており，議員の3分の2以上の者が出席し，その4分の3以上の者による特別多数議決が必要とされている（法135③）。

また，一般に，懲罰は議会の自律的作用であるから訴訟の対象とならないが，除名は行政庁の行う処分とみられ，行政事件訴訟法に基づいて，裁判所に提訴することができる。

4　懲罰の手続

懲罰は，議員の身分又は権利に関する問題であるので，これを長期間不安定な状態におくことは好ましくない。この観点から，会議規則においては，懲罰の動議は懲罰事犯があった日から3日以内に提出しなければならないと定めているのが通例である。この趣旨から，懲罰は，原則としてその生じた同一会期中に行うことを要する。

懲罰の動議の提出については，特に慎重な手続として，議員定数の8分の1以上の発議を要する（法135②）こととされているほか，会議規則の定める手続による。

㊻ 議会の解散

自治法13, 76, 178

1 議会の解散の意義

議会の解散とは，議員の任期満了前に，全議員の資格を奪い，現任議員によって構成される議会の組織を一たん廃止させることである。議会の解散は，当然に，選挙によって改めて議員を選挙し，新しい構成の議会を成立させることを意味する。

議会は，住民の直接選挙によって選ばれた住民の代表機関であるから，その存立の基盤は住民意思にあり，本来，議員の任期中は住民の信託を受けているとみられる。しかし，議会が住民の信を失い又は改めて住民に信を問う必要がある場合には，議会の解散が認められているのである。

議会の解散は，国会の場合とは異なり，①住民による直接請求，②長と議会とが対立し議会が長の不信任議決をしたときに長が行使する議会解散権，③議会が自主的に解散する場合のみが認められている。この3つの場合以外に，例えば長が不信任議決がないのに議会を解散すること，議会が総辞職の決議を行うことによって解散することは，法律上できない。

2 直接請求による議会解散

選挙権を有する者は，その総数の3分の1（その総数が40万から80万の部分については6分の1，80万を超える部分については8分の1を乗じた数を合算した数）以上の者の連署をもって，その代表者から，地方公共団体の選挙管理委員会に対し，当該地方公共団体の議会の解散の請求をすることができる（法13①，76①）。議員各人に対しても解職の請求が認められているが（法80），議会の解散の請求は，議員一人ひとりを問題にするというよりも全体のあり方を問題とするものであるところに特徴がある。

議会の解散の請求の手続は，この権利行使を慎重ならしめるため，条例の制定改廃等の請求とは異なり，より厳しい要件が定められており，署名収集を経た請求の後，改めて議会解散の住民投票が行われることとされている。

すなわち，議会解散の請求には，選挙権を有する者の総数の3分の1以

上の者の連署が必要とされ，この署名の収集等の手続は，条例の制定改廃の場合と同様であるが，議会解散の請求があったときは，選挙管理委員会はこれを選挙人の投票に付さなければならないこととされ（法76③），この投票において過半数の同意があったとき，議会は解散するものとされている（法78）。

解散の投票は，議会の解散に対する住民の賛否の投票であるが，政令で特別の定めをするものを除く外，公職選挙法中普通地方公共団体の選挙に関する規定が準用されている（法85①）。

なお，議会の解散の請求は，その議会の議員の一般選挙のあった日から1年間及び議会解散の住民投票のあった日から1年間は，これをすることができない（法79）。

これは，住民が選挙によって選んだ議員を，短期間のうちに資格を失わせることが，参政権の適正な行使とは認められないからである。

3　長による議会の解散

議会において，地方公共団体の長の不信任の議決をしたときは，長はその通知を受けた日から10日以内に議会を解散することができる（法178①）。議会が予算審議にあたって，非常災害による応急若しくは復旧施設のための経費又は感染症予防のために必要な経費を削除し又は減額して議決し，再議に付してもなお削除し又は減額して議決した場合には，これを不信任議決とみなして，議会を解散することができる（法177③）。

国の場合と異なり，長が任意に議会を解散することは許されない。

4　議会の自主解散

地方自治法上は議会の自主的な解散は認められていないため，たとえ議員の大多数が議会の解散つまり一般選挙による出直しを希望しても，一部の議員の同意が得られなければ，議会として住民に信を問う方法がない。そこで，これを補うために，昭和40年，「地方公共団体の議会の解散に関する特例法」が制定され，これに基づいて，議会が自主的に解散する途が開かれた。

議会が自主的に解散する要件としては，議員数の4分の3以上の者が出席し，その5分の4以上の者の同意が必要である。この議決があったときは，議会はその時において解散する。

㊼ 長 の 地 位

自治法139, 141, 142

1　長の一般的地位

　地方公共団体の長として，都道府県に知事，市町村に市町村長が置かれる（法139）。

　地方公共団体の長は，議会とともに，住民の直接選挙によって選ばれる住民の代表機関であり（憲法93②），この性格に基づいて，地方公共団体を代表する地位に立つ。また，地方公共団体の長は，行政委員会とともに，地方公共団体の事務を管理執行する執行機関である。特に，地方公共団体の長は，他の執行機関を所轄し，それらを調整する権限が与えられているので，地方公共団体の主たる執行機関たる地位にあるといえる。

2　長の身分の取得

　①選挙　　　地方公共団体の長は，住民の直接選挙によって選ばれるが，その被選挙権は，都道府県知事については年齢満30年以上の者，市町村長については年齢満25年以上の者に認められている（公選法10Ⅳ，Ⅵ）。また，被選挙権を有しない者として，禁錮以上の刑に処せられその執行を終わるまでの者等が定められている（公選法11①，②）。

　②長の任期　　　地方公共団体の長の任期は，4年である（法140①）。この任期の起算については，公職選挙法に定めがあり，原則として選挙の日から起算し，任期満了による選挙が長の任期満了の日前に行われた場合には，前任者の任期満了の日の翌日から，起算することとされている（公選法259）。

　なお，地方公共団体の長の職にある者が，その任期中に退職の申出をし，その退職の申立てにより告示された長の選挙において立候補して当選した場合は，その者の任期については，特例として，退職前の在任期間が通算される（公選法259の2）。したがって，この場合の任期は，前職の残任期間となる。これは，長の職にある者が自分に有利な時期に選挙を行うことを防ぐとともに，長が自発的に住民に信を問う方途を認める趣旨によるものである。

3 長の兼職兼業の禁止

　普通地方公共団体の長は，衆議院議員又は参議院議員と兼ねることができず，また，地方公共団体の議会の議員並びに常勤の職員及び短時間勤務職員と兼ねることができない（法141）。

　これは，長の職務の公正な執行を保障し，その職務に専念することを確保するためのものであり，議会の議員の兼職禁止の規定（法92）と同趣旨である。このほか，法律によって，長との兼職を禁じられているものに，教育委員会の教育長及び委員（地教法6），人事委員会・公平委員会の委員（地公法9の2⑨），監査委員（法196③），選挙管理委員（法182⑦）等がある。

　また，地方公共団体の長は，当該地方公共団体に対して請負をする者及びその支配人，又は主として同一の行為をする法人の役員等になることが禁止されている（法142）。これも，議会の議員の請負禁止（法92の2）と同じく，長の職務の公正を確保する目的をもつものである。なお，いわゆる第3セクターの活用を図るため，地方公共団体が資本金等の2分の1以上出資している法人については取締役等を兼ねることができることとされている。

4 長の身分の喪失

　①失職　　地方公共団体の長が被選挙権を有しなくなったとき又は兼業禁止の規定に該当するときは，その職を失う。このほか，長は，死亡，任期満了，選挙無効，当選無効の争訟の確定（法144），議会の不信任議決（法178②），解職の直接請求（法81）に基づいて，その職を失う。

　②退職　　地方公共団体の長は，退職しようとするときは，その退職しようとする日前，都道府県知事にあっては30日，市町村長にあっては20日までに，議会の議長に申し出なければならない。ただし，議会の同意があれば，この期日前に退職することができる（法145）。

㊽ 長の権限

自治法147, 148, 149, 150

1　長の一般的権限

　地方公共団体の長は，当該地方公共団体を統轄し，これを代表する（法147）。すなわち，地方公共団体の長は，執行機関として，地方公共団体の条例，予算その他の議会の議決に基づく事務及び法令，規則その他の規程に基づく当該地方公共団体の事務を，自らの判断と責任において，誠実に管理し及び執行する義務を負うものであるが（法138の2），長として特に，その地方公共団体の事務の全般にわたって総合的統一性を確保する権限を有するとともに，外部に対しては地方公共団体を代表し，長の行為が直ちにその地方公共団体の行為としての法律効果を生ぜしめる地位にある。

　この規定そのものは，長に具体的な権限を付与したものではなく，その地位及び基本的な権限を示したものであるが，長だけが予算及び条例の提案権を有し，また，長が他の執行機関を所轄し（法138の3①），その組織，定数（法180の4），予算の執行（法221），公有財産（法238の2）に関して調整権等を認められているのは，この長の一般的権限の具体的なあらわれである。

　なお，長の権限は，都道府県知事も市町村長も基本的には同じであるが，具体的な権限あるいは担任事務においては，市町村が基礎的な地方公共団体であり，都道府県が市町村を包括する広域的地方公共団体であるという両者の性格及び事務の差異に応じて若干の差異がみられる。

2　長の事務執行権

　地方公共団体の長は，当該地方公共団体の事務を管理し及び執行する（法148）。

　長の管理執行する事務は，当該地方公共団体の事務すなわち地域における事務及びその他の事務で法律又はこれに基づく政令により処理することとされるものであり，自治事務と法定受託事務の双方を含む。従来は，地方公共団体の長は当該地方公共団体の事務の外，法律又はこれに基づく政令によりその権限に属する国，他の地方公共団体その他公共団体の事務，

すなわち機関委任事務を管理執行するものとされ，機関委任事務の処理に関しては，地方公共団体の長は国の機関として，主務大臣等の指揮監督を受けることとされていたが，機関委任事務の廃止により，このような位置づけはなくなった。

3　長の担任事務

長の一般的権限は，当該地方公共団体の事務を管理執行することであるが，地方自治法第149条で，この権限の具体的内容を示している。この規定は，いわゆる概括列挙といわれるもので，長の担任事務のうち主要なものを示したものであり，ここに列挙されていなくとも，明文の規定により他の執行機関の権限とされていない限り，長が広く権限の推定を受ける（法149Ⅸ）。

同条に規定されている長の主要な担任事務は，次のとおりである。

(1)　議会の議決を経べき事件につき議案を提出すること。

(2)　予算を調製し，これを執行すること。

(3)　地方税を賦課徴収し，分担金，使用料等を徴収し，及び過料を科すること。

(4)　決算を議会の認定に付すること。

(5)　会計を監督すること。

(6)　財産の取得，管理及び処分

(7)　公の施設の設置，管理及び廃止

(8)　証書及び公文書類の保管

なお，以上に列挙されている事項以外の主要な権限としては，規則制定権（法15①），職員の指揮監督権（法154），行政組織権（法155，156，158），他の執行機関に対する調整権等があり，その他にも法令に多くの定めがある。

4　内部統制に関する方針の策定

都道府県知事及び指定都市の市長は財務その他重要な事務についてその管理及び執行が法令に適合し，適正に行われることを確保するための方針を定め，これに基づき必要な体制を整備しなければならない。その他の市町村長はこれを努力義務とされている（法150）。

㊾ 長の職務の代理

自治法152，153①

1 代理の意義

　地方公共団体の長の権限は，長が自ら行使することが原則であるが，長が病気，旅行等のため自ら権限を行使することができない場合があり，また，厖大かつ多種多様な地方公共団体の事務のすべてを長が自ら処理することは，実際上，不可能でもある。したがって，長に事故がある場合等において，地方公共団体の運営が円滑かつ能率的に執行されるよう，長の権限を他の者に代って行使させるための手続が定められている。長の職務権限の代理，委任，代決（補助執行）は，いずれも，長の権限を長以外の者に行使させるための方法である。

　長の職務の代理とは，長の権限の全部又は一部を他の者が代って行使し，それが長の行為としての効果を生ぜしめることであり，これには法定代理と授権代理の2種類がある。

2 法定代理

　地方公共団体の長に事故があるとき，又は長が欠けたときは，副知事又は副市町村長がその職務を代理する。この場合において，副知事，副市町村長にも事故があり，又は欠けたときは，長の指定する職員がその職務を代理する（法152①，②）。これによっても，なお職務を代理する者がいないときは，規則で定めた上席の職員がその職務を代理する（法152③）。これがいわゆる長の職務代理者の制度である。

　「事故があるとき」とは，旅行，病気等の理由により職務を自ら執り得ないこと，つまり意思決定と職員の指揮監督をなし得ない状態のことであるが，具体的な判断は必ずしも容易ではない。一般には，現在のように交通通信の発達した状況の下では，外国等遠隔の地へ相当長期間旅行する場合，相当長期間病気療養する場合等がこれに該当するものと考えられる。「欠けたとき」とは，現に在職していた者が死亡，辞職等によっていなくなることである。

　このような事実の発生によって，副知事，副市町村長等は，何らの特別

執行機関　*99*

の行為を要することなく当然に長の職務代理者となり，長の権限を代理して行使する。この場合における職務代理者の一般的な表示は，「○○県知事職務代理者○○県副知事○○」とされる。そして，その職務代理者の行為は，長の行為と同じ効果を生ぜしめ，その効果は直接当該地方公共団体に帰属することになる。

　職務代理者が長の職務を代理し得る範囲は，法律上制限はないので，原則として長の権限のすべてにおよぶが，長たる地位又は身分に附随する一身専属的な権限，例えば議会の解散，副知事・副市町村長等の任命等はできないと解されている。

　以上の法定代理は，長の事故が止み，又は長が選挙されて就任したときは，なんらの行為を要せず当然に消滅する。

3　授権代理

　地方公共団体の長は，その権限に属する事務の一部をその補助機関である職員に臨時に代理させることができる（法153①）。

　この代理は，長の意思に基づいて行われるところから，授権代理又は任意代理あるいは臨時代理とよばれるが，その法律効果は法定代理の場合と同じである。授権代理の場合においては，代理者は，長の権限の一部のみを代理し，長の名と責任においてその職務を行う。また，当該事務は依然として長の権限に属するので，長は，代理者に対して，指揮監督できるとともに，いつでも代理関係を消滅させ又は変更することができる。これが，授権代理と法定代理との差異である。

　なお，授権代理させ得る事務の範囲には，法令上特段の制限はないが，その事務の性質上長自らが処理すべき事項については代理させることができないと解されている。例えば，議会の解散，副知事・副市町村長の選任権のようなものがこれにあたる。

　また，代理者になり得るのは，当該地方公共団体の長の補助機関である職員であればよく，これには事務職員又は技術職員のほか副知事，副市町村長の特別職の職員をも含む（法167②）。しかし，他の執行機関すなわち行政委員会又は委員の補助職員は含まれず，これらの者には長の権限に属する事務を代理させることはできない。

㊿ 長の権限の委任

自治法153, 167

1 委任の意義

　一般に，委任とは，権限を有する者がその権限の全部又は一部を他の者に移し，これを委任を受けた者が自らの権限と責任において行使することである。委任は権限の移管あるいは権限の配分の変更を伴うものであるので，公法上の委任は，明文の根拠なしには行うことができないとされているが，地方自治法は，長の権限の委任について，包括的な定めを設けている。これは，長の権限に属する事務が，厖大，複雑になっている状況の下において，地方公共団体の長の事務を適宜分散して処理せしめ，もって能率的な行政運営を図ることを目的とするものである。

2 職員への権限の委任

　地方公共団体の長は，その権限に属する事務の一部をその補助機関である職員に委任することができる（法153①）。また，行政委員会等に委任することも認められている（法180の２）。

　長の権限の委任があった場合においては，当該事務は受任者たる職員の権限になり，その事務については受任者たる職員が自己の名と責任において処理することになる。その反面，委任者である長は，この事務に関する限り，その権限を失うこととなり，これを自ら処理することはできなくなる。この点において，代理が権限は長に属せしめたままで，ただ代理者が長に代ってその権限を行使するのと異なる。

　長がその権限の一部を委任し得るのは，当該地方公共団体の職員であるが，ここでいう職員とは狭義の職員（法172①）だけでなく，広く副知事，副市町村長も含まれることが明確にされ，この場合にはその旨を告示しなければならないこととされている（法167②，③）。ただし，他の執行機関の補助職員は含まれない。

　委任し得る権限には，法律上特別の制限はないが，副知事，副市町村長等の選任，議会の招集，議案の提出，条例，規則の公布等のように長の専属的な権限あるいは長自ら行使することが法により予定されている権限に

ついては，委任に適しないものと考えられる。

3　行政庁及び市町村長への委任

　地方公共団体の長は，その権限に属する事務の一部をその管理に属する行政庁に委任することができる（法153②）。ここで地方公共団体の長の「管理に属する行政庁」については，若干議論があるが，広く支庁，地方事務所，保健所，福祉事務所，県税事務所等の行政機関を指すものとされる。

　従来の地方自治法に基づく都道府県知事から市町村長への機関委任事務の制度は廃止されたが，都道府県から市町村への地域の実情に応じた事務の移譲を推進するため，都道府県知事の権限に属する事務の一部を，都道府県の条例の定めるところにより，市町村が処理することとする制度が設けられている（条例による事務処理の特例制度，法252の17の２）。

4　権限の委任と事務の委託

　地方自治法第153条の反対解釈により，一般に，地方公共団体の長の権限は，それが権力的であるか非権力的であるかを問わず，また，公法上のものと私法上のものとを問わず，当該地方公共団体の職員以外の者に委任することはできないと解されている。例えば，地方公共団体が株式を所有している場合，その株主権の行使を職員以外の者に委任することはできないとされている（昭26.12.22行政実例）。

　しかし，長の事務のすべてが当該地方公共団体の職員等その内部において処理されるものではなく，私法上の契約によって，工事，製造の請負をはじめ多くの事務が外部の者によって処理されるので，委任を制限される事務とは何かが問題になる。これについては，第１に民法の規定（民法643）どおり法律行為だけが該当し，事実行為については任意に外部に（準）委任できるとする見解があり，第２に権力的行為又は公法行為についてのみ適用され，非権力的行為又は私法行為については適用されないとする見解がある。

　権限の委任が，権限の配分の変更を伴うことを特徴とするものである以上，権限の配分に何ら影響をおよぼさない行為については，この規定の適用はないので，この意味では，法律行為についてのみ長の権限の委任が制限されていると解するのが一般的である。

㉛ 補 助 執 行

自治法180の2，180の7

1 補助執行の意義

　長の事務の補助執行とは，長の権限に属する事務の執行に当たり，その地方公共団体のなかでその職員をして内部的に補助させることである。例えば，地方公共団体の内部において，部長又は課長が決定した事項を知事名又は市町村長名で住民その他の者に対して命令を発し，通知するようなことを指す。

　補助執行は，代理や委任と異なり，長の権限に属する事務を，権限の配分に変更を加えることなく，内部的に処理させるための方法であるから，対外的には長の名において執行され，補助執行者の名が表示されることはない。すなわち，内部的に長の事務の処理の権限を有する者のなした行為は，対外的には長の行為としての効果を生じ，その責任も長に帰属するのであり，この意味では，補助執行者は長の手足として動くものといえる。

　一般に，権限を有する者はその権限の行使に当たって，自ら権限を行使するほか，他の者に代理させ，委任し，あるいは補助執行させることができるが，このなかでも補助執行は権限の配分に変更をきたすことがなく，また，対外的には，すべての行為が正規の権限を有する者の名で行われるものであるところから，最も広く行われるものである。

　補助執行の態様としては，法律行為，事実行為の両方を含むが，特に意思決定については，専決，代決等とよばれる方式で行われる場合が多い。これらの性格はいずれも権限の内部委任である。

2 権限の内部委任

　内部委任とは，行政官庁の内部的な事務処理の便宜のために，その権限の行使を下級官庁に行わせることをいう。ただ，この場合の権限の委任は全く内部的なものであり，その権限は委任者たる行政官庁の名において行使されるのが特徴である。すなわち，この場合における委任とは，通常の意味での委任ではなく，組織内における職務権限の配分あるいは職務の割当てを意味するのであり，対外的には表示されることがない。

執行機関　*103*

　このような権限の内部委任である，事務の専決又は代決は，本来の権限を有する長が実質的な意思決定をもっぱら補助職員に委ねていることを示す用語である。例えば，本来長の権限に属する事務を，長が自ら意思決定することなく，その事項の重要性の程度に応じて，課長，部長，副市町村長，副知事等に意思決定させ，対外的には長の名で表示する場合に，課長専決，部長専決，副市町村長専決，副知事専決等と称するのである。また，本来長が決定すべき事項について，長が不在等の場合に，副知事，副市町村長等が代って決定するようなことがあり，これは一般に代決といわれることが多い。これも，内部委任である。

　長の事務の補助執行としての内部委任については，長は当然にその補助機関である職員の職務執行について指揮監督することができ，補助職員は地方公務員法上の職務命令に服する義務を負うことになる。これは，長の補助職員であると他の執行機関等の職員であるとを問わないが，後者の場合，身分上の指揮監督をし得ないのは勿論である。

3　特別の補助執行

　地方公共団体の長は，当然に，その補助機関である職員にその担任事務を補助執行させることができるが，地方自治法は，これ以外に，特に長の事務を補助執行させることのできる場合について定めを設けている。

　地方公共団体の長は，その権限に属する事務の一部を，行政委員会と協議して，行政委員会の補助職員等に補助執行させることができることである（法180の2）。逆に，行政委員会の権限の一部を長の補助職員等に補助執行させることができる（法180の7）。

　このように長の権限を補助機関である職員あるいは他の執行機関の補助職員に補助執行させることができるとされているのは，主として行政効率の向上を図り，行政の一体性を確保するためである。

52 指揮監督権

自治法154

1 指揮監督の意義

　行政組織は，一般に上級官庁・下級官庁の階層的な構造をもって成り立っており，そこに上級官庁の下級官庁に対する指揮監督，及び下級官庁の上級官庁に対する服従義務が生じるのである。したがって，指揮監督は，行政組織に普遍的な上級官庁の下級官庁に対する権限であるが，地方自治法においても特に規定を置き，長は補助機関である職員を指揮監督すること（法154）を明らかにしている。

　従来，機関委任事務の処理に当たっては，都道府県知事は主務大臣の，市町村長は都道府県知事及び主務大臣の指揮監督を受けることとされていたが，機関委任事務の廃止により，このような一般的な上下関係はなくなった。

2 指揮監督権の内容

　指揮監督とは，行政目的の統一的な実現を図るため，上級官庁が下級官庁の違法又は不当な権限行使を予防し，又は是正する作用のことである。このうち指揮とは，ある者が他の者に対してその職務執行の方針，基準，手続等を命令してこれに従わしめる作用をいい，監督とは，ある者が他の者の行為について，その行為がその者の遵守すべき義務に違反することがないかどうか，又はその行為がその職務の達成上不適当なことはないかどうかを監視し，必要に応じ命令等の措置をとる作用をいうが，特に両者を区別する実益はない。

　指揮監督の内容は，法令の規定を必要とせず，権限を有する者が自ら必要と認める手段をとり得るので，具体的にどのような手段をとるかは，官庁の種類，事務の性質等によって異なるが，一般に指揮監督権の内容とされているのは，次のようなものである。

　①**監視権**　　　下級官庁の権限行使の状況を知るために報告を徴し，書類，帳簿等を検査し，実地に執務状況を視察する等の権限を行使することができる。これは，指揮監督権の内容をなすとともに，本来の指揮監督権

を行使するために必要な情報収集の権限である。

②許認可権　　下級官庁がその権限を行使するに当たって，一定事項については予め上級官庁の許可，認可，承認等を要するものとすることができる。この許認可は，行政組織の内部において，権限行使の適正を期するためのものであり，対外的な行政行為としての許認可等とはその性格を異にする。

③訓令権　　上級官庁が下級官庁の権限行使に関し，方針，基準等を定め，命令を発する権限で，指揮監督権の中心をなすものである。通常，この命令の形式は訓令又は通達によるが，訓令は職務執行の基本に関する命令事項を内容とし，通達はこれらに関する細目的事項，法令の解釈，運用方針に関する示達事項を内容とするものである（国家行政組織法14②参照）。

訓令は，権限行使に関してのみ下級官庁に対して発せられる点において，上司が部下に対してその生活行動も含めて広くその職務に関して発することのできる職務命令とは異なる。また，訓令権は，行政組織の内部における命令権であるから，この違反は，上級官庁に対する職務執行上の義務違反であるにとどまり，対外的にその行為の効力には影響をおよぼさない。

訓令に対しては，それが明らかに違法な場合は別として，下級官庁は服従する義務を負い，訓令にしたがって職務を執行しなければならない。

なお，訓令権は，原則として代執行権を含まない。したがって，下級官庁が訓令に従わないときは，公務員法上の義務違反の責任を問うことは別として，上級官庁が代って権限を行使することはできない。

④取消・停止権　　上級官庁は，下級官庁の行為が違法，不当と認めるときは，これを取消し又は停止を命令することができる。地方自治法においては，地方公共団体の長は，その管理に属する行政庁の処分が法令，条例又は規則に違反すると認めるときは，その処分を取り消し，又は停止することができると規定している（法154の2）。

⑤主管権限の争議を決定する権限　　下級官庁相互間に権限について争議のある場合，これを決定することができる。

❸ 地方公共団体の事務所及び地域自治区

自治法4，155，202の4以下

1 地方公共団体の事務所

①事務所の意義　地方公共団体の事務所とは，狭義においては，その主たる事務所である都道府県庁，市役所，区役所，町村役場等を指すが，広義においては，いわゆる出先機関も含めて用いられることがある。

都道府県庁，市役所等は，単に事務執行の場所であるばかりでなく，地域行政の中心地として，住民の生活に影響を有する場所であり，更に地方公共団体のいわばシンボルとしての意義を有するものであり，それだけに，その事務所の新築，移転等は住民の大きな関心を集めるのである。また，出先機関についても，その設置は本来長の権限に属するとはいえ，地域住民の生活に密接な関連を有し，程度の差はあれ，主たる事務所と同じような意義を有している。

②主たる事務所　地方公共団体は，その事務所の位置を定め又はこれを変更しようとするときは，条例でこれを定めなければならない。なお，この事務所の位置を定め又はこれを変更するに当たっては，住民の利用に最も便利であるように，交通の事情，他の官公署との関係等について適当な考慮を払わなければならない（法4①，②）。

都道府県庁，市役所，町村役場の位置を定め又は変更するには条例をもってするべきことを定め，特にこの条例は，地方公共団体の議会において，出席議員の3分の2以上の特別多数議決が要求されている（法4③）。

③支庁，地方事務所，支所等　地方公共団体の長は，その権限に属する事務を分掌させるため，条例で，必要な地に，都道府県にあっては支庁及び地方事務所，市町村にあっては支所又は出張所を設けることができる。支庁，地方事務所，支所等の位置，名称及び所管区域は，条例で定めなければならない（法155①，②）。支庁，地方事務所，支所等は，地方公共団体の長の事務の全般にわたって，地域を限って分掌するいわゆる総合出先機関であり，保健所，福祉事務所など特定の事務を担当する出先機関である行政機関（法156）とは区別される。

この支庁，地方事務所，支所等を設置することは，本来長の権限と責任に属するが，住民の利害に関係すること及び恒久的な性格を有するところから，条例という形式をもって定めることとしているのである。

2　地域自治区

①**地域自治区の意義**　　市町村の区域をさらに区分して地方公共団体の事務を行う方式としては，支所等の事務所の設置のほか，市町村合併に際して一定期間，合併特例区が設けられ，また，指定都市に市長の権限に属する事務を分掌させるため条例で区を設け事務所を置くこととされているが（法252の20），平成16年，地方自治法改正により，新しく地域自治区の制度が創設された。

地域自治区制度は，単なる事務処理の単位ではなく，市町村の規模が拡大するなかで，住民自治の強化や行政と住民との協働の推進などを目的とする地域自治組織を設置しようとするところに大きな意義がある。

②**地域自治区の設置**　　市町村は，市町村長の権限に属する事務を分掌させ，及び地域の住民の意見を反映させつつこれを処理させるため，条例で，その区域を分けて，区域ごとに地域自治区を設けることができる。

地域自治区に事務所を置き，事務所の位置，名称及び所管区域は条例で定めることとされ，事務所の長は当該地方公共団体の長の補助機関である職員をもって充てるものとされている（法202の4）。

③**地域協議会の設置及び権限**　　地域自治区に，地域協議会を置くこととされ，その構成員は，地域自治区の区域内に住所を有する者のうちから市町村長が選任する（法202の5）。

地域協議会の権限は，地域自治区の事務所が所掌する事務その他の地域自治区内の事務について，市町村長その他の市町村の機関により諮問されたもの又は必要と認めるものについて審議し，意見を述べることである。

市町村長は，条例で定める重要事項については，あらかじめ地域協議会の意見を聴くこととされ，その意見を勘案し，必要があると認めるときは適切な措置を講じなければならない（法202の7）。

指定都市については，必要と認めるときは条例で区ごとに区地域協議会を置くことができる等の特例が定められている（法252の20⑦）。

54 地方公共団体の組織

自治法158

1 組織の意義

　地方公共団体の組織とは，広義においては地方公共団体の機関すなわち長，各行政委員会及び議決機関である議会の行政組織の意味に用いられるが，通常は，執行機関の事務処理組織いわゆる行政機構を指すことが多い。

　地方公共団体が，自らの機関の設置，構成，運営などについて定めることは，いわゆる自治組織権として，現行地方制度上，広く認められている。しかし，その組織のあり方は，一方においては，地方公共団体の行政運営の効率，経済性に関連し，他方においては住民の利害，利便とも関連する。

2 組織の基本原則

　地方自治法をはじめ種々の法律によって，地方公共団体の執行機関に関する定めが設けられているが，その組織の基本原則とされているのは，次のようなものである。

　まず第1は，民主化の原則であり，組織は住民の利便を考慮するとともに，責任の所在を明確ならしめるものでなければならない。

　第2に，能率の原則として，住民の福祉の増進に努めるとともに，最少の経費で最大の効果を挙げるものでなければならない（法2⑭）。

　第3に，簡素・効率化の原則であり，地方公共団体の長の事務を分掌する内部組織は当該地方公共団体の事務及び事業の運営が簡素かつ効率的なものとなるよう十分配慮されなければならない（法158②）。

　地方公共団体の執行機関相互間については，長が各執行機関を通じて組織及び運営の合理化を図り，その相互間の権衡を保持するため，総合調整権を与えられており（法180の4①），各執行機関がその事務局の組織を定めるに当たっては，長の設ける内部組織との間に権衡を失しないようにしなければならないとされている（法180の5④）。

3 長の事務に関する組織

　長の権限に属する事務を処理するための組織として，内部部局と出先機関があり，これは更に一般に，本庁組織，本庁行政機関，地方行政機関，

執行機関　109

事業所等種々の名称，性質，機能のものに分けられる。

　これらについて，地方自治法は，総合的出先機関については支庁，地方事務所，支所等として（法155①），特定事務を処理する出先機関については行政機関として（法156①），住民の福祉の増進を目的とする施設については公の施設として（法244①），それぞれ規定しているほか，いわゆる本庁組織として，内部組織について定めている。

　地方公共団体の長は，その権限に属する事務を分掌させるため，必要な内部組織を設けることができる。この場合において，当該地方公共団体の長の直近下位の内部組織の設置及びその分掌する事務については，条例で定めるものとされている（法158①）。長の直近下位の内部組織とは，地方公共団体の長の権限に属する事務を分掌するために設けられる最上位の組織を意味するものであり，通常，都道府県の局部，市町村の部課若しくは名称の如何を問わずこれに準ずる組織のことである。内部組織の名称及び分掌事務は地方公共団体の実情に応じて自由に定めることができる。なお，公営企業及び会計管理者の組織は，それぞれ特別の規定があり，ここでいう長の事務を分掌する内部組織には含まれない（公企法14，法171⑤）。

　地方公共団体の内部組織のうち直近下位のもの，すなわち都道府県の局部は，条例で定めることを要するが，その下に規則等により，必要な分課つまり局部の下部組織を設けることができる。

　市町村長は，その権限に属する事務を分掌させるため，条例で必要な部課を設け，部又は課の下に，規則等で分課を設けることができるのは，都道府県の場合と同様である。

　なお，この局部，部課の設置のための組織条例は，長に提案権が専属し，議会の修正権も制限されるものと解されている。

55 地方公共団体の行政機関

自治法156

1 行政機関の意義

　地方公共団体の長は，都道府県における支庁，地方事務所，市町村における支所，出張所を除くほか，法律又は条例の定めるところにより，保健所，警察署その他の行政機関を設けるものとする（法156①）。これらの行政機関としては，福祉に関する事務所，児童相談所，病害虫防除所，家畜保健衛生所などがあげられる。

　このように地方自治法でいう行政機関とは，保健衛生，福祉，税務など特定の行政権限を処理するために設けられる機関を意味する。それは，特定の行政権能のみを担任する点において，総合的行政機関である支庁，地方事務所，支所などとは異なり，また，多少なりとも住民の権利義務に関連する行政事務を処理する点において，病院，学校などの純然たる公の施設や土木工事の現場事務所等とは異なる。しかし，必ずしも直接的な公権力の行使を要件とするものではないと解されているので，公の施設としての機能を有するものも含まれる場合がある。

　ところで，国家行政組織上，一般に行政機関というのは，狭義においては，国の行政事務を担任し，その事務に関して，国の意思を決定し表示する権限を有する機関，すなわち行政官庁を指し，広義においては，国の行政事務を担任する機関を総称し，行政官庁のほか補助機関，諮問機関等を含む意味に用いられる。

　したがって，地方自治法上の地方公共団体の行政機関は，国家行政組織法上の行政機関の概念とは異なり，独自の意味に用いられているということができる。

2 行政機関の設置

　地方公共団体の長は，法律に根拠があるときは勿論，法律の根拠がない場合においても，条例により任意に行政機関を設置することができる（法156①）。実際にも，近時における行政機能の拡大に伴って，環境保護，消費者保護をはじめ各種の新しい行政機能を分担する行政機関が設けられて

執行機関　*111*

いる状況である。

　行政機関は，長の権限に属する事務を分掌する出先行政機関であるから，本来，長の権限と責任において設置することができるはずであるが，その性格にてらして住民の生活に利害関係を有するので，法律のほか条例の根拠を要するものとされたのであり，これは支庁，地方事務所，支所等の設置の場合と同じ趣旨によるのである。

　行政機関の位置，名称及び所管区域は，条例で定めなければならない（法156②）。

　行政機関の位置を定め又は変更しようとするときは，支庁，地方事務所，支所などの総合出先機関の場合と同じく，住民の利便のため，交通事情，他の官公署との関係等について考慮を払わなければならない（法156③）。

　なお，地方公共団体の行政機関の設置，位置，名称，所管区域に関する条例は，その性格上，長に提案権が専属し，したがって，議会においては長の提案権を侵すような修正をすることはできない。具体的には，現行の状態から提案された条例案までの間であれば修正できるが，その範囲を超えて行政機関の数を増減し，位置，所管区域を変更するような修正は許されないと解される。

3　行政機関の権限

　行政機関の権限は，法律又は条例，規則によって定められるが，一般に，長の権限の一部を委任されていることが多い。

56 補助機関─職員

自治法161以下

1 補助機関の意義

　補助機関とは，一般に，地方公共団体の執行機関の職務執行を補助することを任務とする機関を意味する。すなわち，長の事務執行を補助する副知事，副市町村長，会計管理者その他の職員のことである。補助機関は，それを構成する職員の面からは，補助機関である職員（法154），あるいは単に補助職員とよばれることがある。

　地方公共団体においては，長のほか各行政委員会に補助機関が置かれるが，これらの者については，それぞれ関係法令に定められており，地方自治法は長の補助機関について一般的な定めを設けている。

2 長の補助機関

　①副知事・副市町村長　　　都道府県に副知事，市町村に副市町村長を置くこととされているが，条例でこれを置かないことができる。副知事・副市町村長の定数は，条例で定められることになっており（法161）長が議会の同意を得て選任する。任期は4年である（法162，163）。

　副知事・副市町村長は，長を補佐し，長の命を受け政策及び企画をつかさどり，その補助機関である職員の担任する事務を監督し，長に事故があるとき又は欠けたとき，長の職務を代理する（法167），最高の補助機関である。さらに副知事及び副市町村長は，長から委任を受けて，長の権限に属する事務の一部を執行する（法167②）。スタッフとして長を補佐するだけでなくラインとしての位置づけが明らかにされている。

　副知事・副市町村長は，また，地方公共団体の主要な公務員として，その資格等について長に準じた規定が設けられている。すなわち，副知事・副市町村長は選挙権，被選挙権の欠格事項に該当する者はなり得ないこととされ（法164），衆議院議員等との兼職及び地方公共団体との請負（兼業）が禁止されている（法166）。また，住民の直接請求により，副知事・副市町村長の解職を請求することができる（法86①）。

　②会計管理者　　　地方公共団体に会計事務をつかさどるため会計管理

者が置かれ，その事務を補助するため出納員その他の会計職員が置かれる（法168，171）。

③**職員**　　地方公共団体に長の職務執行を補助するため職員が置かれる（法172）。その任免は長が行い，臨時又は非常勤の職を除き，定数は条例で定められる（法172②，③）。

職員の任用等身分取扱いについては，地方自治法で定めるほか，地方公務員法の定めるところによる（法172④）。

職員は地方公務員法により一般職と特別職に分けられる。特別職は就任について議会の同意が必要な職，専門的な知識経験を有する者など地方公務員法に列挙されており，それ以外の一切の職員が一般職とされている（地公法3）。地方公務員法は原則として一般職にのみ適用されるが，近年厳しい財政状況や行政需要の多様化に伴い臨時・非常勤職員が増加し，処遇の改善の必要性や守秘義務等の問題が指摘されている。

このような状況に対処するため平成29年地方公務員法が改正された。この改正により，職員のうち特別職及び臨時職員の資格要件が厳格になるとともに，一般職の非常勤職員を新たに「会計年度任用職員」と位置づけ，その採用などの任用や給与など勤務条件が整備された。この制度は令和2年施行された。

なお，公営企業管理者も，長の補助機関であるが，これについては，主として地方公営企業法の定めるところによる。

④**専門委員**　　長の委託により，調査研究を行う非常勤の職員として，専門委員を置くことができる（法174）。いわゆる学識経験者の中から選任される独任制の補助機関である。

57 会計管理者及び会計職員等

自治法168, 169, 170, 171

1 会計管理者

①権限　　会計管理者は，地方公共団体の必置機関であり，その職務権限は法令に特別の定めのあるものや公営企業の業務にかかる出納事務を除くほか，地方公共団体の会計事務をつかさどることである（法168①，公企法27）。

地方公共団体の会計事務については，従来，特別職として都道府県に出納長，市町村に収入役が置かれていたが，平成19年4月より，この制度が廃止され，新しく一般職の補助機関として会計管理者が置かれることとされた。

会計管理者は，一般職の職員のなかから長が任命するが，会計事務について独立の権限を有しており，その職務は従前の出納長等と変わるところはない。なお，会計管理者が一般職とされたことに伴い，従来の出納長等に認められていた解職請求，身分関連の制限等は廃止された。ただ，職務の独立性，公正性を確保するため，長，副知事等と一定の親族関係にある者は就任できない（法169）。

地方公共団体の会計事務については，収入及び支出に関する事務の公正を確保するため，予算執行権（命令権）と会計事務の執行権を分離し，前者は長の権限とされ，後者は一般に会計管理者の権限とされているところに特徴がある。すなわち，会計管理者は，長の命令がなければ，支出をすることができない。また，長の命令があった場合においても，その支出負担行為つまり契約等が法令又は予算に違反していないこと及びその債務が確定していることを確認したうえでなければ，支出をすることができないのである（法232の4）。会計管理者のこの権限は，支出命令審査権とよばれる。

②担任事務　　会計管理者の担任する事務の具体的な内容としては，①現金の出納及び保管，②小切手を振り出すこと，③有価証券の出納及び保管，④物品の出納及び保管（使用中の物品の保管を除く。），⑤現金及び

財産の記録管理，⑥支出負担行為に関する確認，⑦決算の調製，が主要なものである（法170②）。そして，会計管理者は，その権限に属する出納事務等については，地方公共団体を代表する。したがって，現金を保管するため銀行等へ預け入れ，地方税等を収納し，金銭を借り入れる等は，会計管理者が行い，領収書等は会計管理者の名義によるのが一般である。

2　出納員その他の会計職員

会計管理者の事務を補助させるため，出納員その他の会計職員が置かれる。原則として，必置機関であるが，町村においてはこのうち出納員を置かないことができる（法171①）。

出納員は，長の補助機関である職員のうちから長が任命し，その職務は会計管理者の命を受けて，現金の出納・保管又は物品の出納・保管をつかさどることである（法171②，③）。これ以外の事務は，委任を受けない限り，処理することができない。行政委員会の職員を出納員その他の会計職員にするには，その職員を長の補助機関に併任したうえで，任命しなければならない。

その他の会計職員は，職員のうちから長が任命する。その職務は，上司である会計管理者，出納員などの命を受けて，会計事務を処理する（法171③）。

地方公共団体の長は，会計管理者の事務の一部を出納員に委任させ，又はその出納員をしてその委任を受けた事務の一部を出納員以外の会計職員に再委任させることができる（法171④）。これは，出納事務に関する指揮命令権及び責任の所在を明確にする趣旨によるものである。

3　会計管理者の補助組織

地方公共団体の長は，会計管理者の権限に属する事務を処理させるため，規則で，必要な組織を設けることができる（法171⑤）。

58 附属機関

自治法138の4③，202の3

1 附属機関の意義

　地方公共団体は，法律又は条例の定めるところにより，執行機関の附属機関として自治紛争処理委員，審査会，審議会，調査会その他の調停，審査，諮問又は調査のための機関を置くことができる（法138の4③）。

　附属機関は，地方公共団体の行政組織の一部を構成し，執行機関に属するものであるが，自ら行政執行に当たるものではなく，執行機関の諮問，依頼に基づいて，特定事項の調査，審議等いわば行政執行のためのスタッフ的機能を担任する機関である。また，直接的な行政執行を担任しないところから，執行機関の補助機関とも異なり，合議制の機関として，行政委員会に類似し，その職務執行にあたってはある程度執行機関からの独立性を有しているのが通例である。

　附属機関が設置される理由あるいは目的には種々のものがあるが，第1には，専門技術的見地から調査等を行うもの，第2に公正中立の立場から審議等を行うもの，第3に利害関係者や住民などの意思を反映するためのものに大別することができる。いずれも，本来の執行機関の系列の補助機関とは異なった機能を期待されるものであるが，反面，しばしば執行機関の責任のがれや隠れみのに利用されるという批判を受けることがある。

2 附属機関の性格

　附属機関は，それぞれの設置目的によってその職務内容，構成，運営等を異にするが，共通的な性格として，次のようなものがある。

　第1に，附属機関は行政組織の一部である。それは執行機関の直系の補助機関でもなく，また分課でもなく，さらに行政委員会でもないが，都道府県の局部，市町村の部課の設置（法158①）と同じく，条例によって設けられるところに機関としての重要性が示されている。

　第2に，附属機関は複数の委員によって構成される合議制の機関である（例外的に，自治紛争処理委員は，単独でも活動し得るという意味で独任制の附属機関である。）。合議制機関の特質として，行政委員会と同じよう

執行機関　117

に専門技術性，政治的中立性，利害調整・民意反映等の長所を有する反面，非能率，責任の所在の不明確性などの問題点が指摘される。

　第3に，附属機関の職務権限は，調停，審査，審議，又は調査等に限られる。一般的には，附属機関は執行機関に対して諮問事項に関する答申，報告，意見具申をすることを主たる目的とし，直接住民に対する行政執行をすることはない。したがって，行政執行はあくまで執行機関の権限であり，附属機関の意思は執行機関の行政執行の参考とはされるが，拘束するものではないのが原則である。しかし，附属機関のなかには，その意思が直接対外的な効果を生じるものや自ら対外的活動のできるもの（自治紛争処理委員，国民健康保険審査会，建築審査会，各種の試験委員等）がある。これらは，実質的には行政委員会に似た性格のものといえる。

　第4に，附属機関の構成は，通常，学識経験者，関係団体の代表，関係行政機関の職員によって組織される。外部から知識経験等を導入することを特徴とする組織であるので，地方公共団体の職員のみで組織する各種委員会等は，その目的，名称の如何を問わず，附属機関には該当しない。

3　附属機関の運営

　調停，審査，審議，調査等を目的とし，外部の学識経験者等で構成する委員会は，行政組織の一部たる実体を有する限り，名称の如何を問わず条例をもって設置しなければならない。

　構成員たる委員は，非常勤の職員とされ，附属機関の庶務は原則として執行機関が処理する（法202の3②，③）。これは，附属機関があくまで執行機関の附属的機関であり，独立の補助職員を置くことによって組織の肥大化するのを防ぐ趣旨である。

4　懇談会等

　附属機関と同じように調査，審議等を目的として，外部の学識経験者等で構成されるものに各種懇談会等がある。これは，その設置が条例に基づくことなく，要綱等によって比較的柔軟に設置されるもので，私的諮問機関とよばれることがある。附属機関に比べて臨時的，簡易な性格のものといえるが，実質的にはほとんど同じ機能を果たすことが多い。

59 行政委員会制度

自治法180の5

1 行政委員会の意義

　地方公共団体の執行機関は，いわゆる多元主義をとっており，長のほかに，長から独立した執行機関である各種の委員会及び委員が置かれている。これらの委員会，すなわち複数の委員によって構成される合議制の執行機関は，一般に行政委員会とよばれる。監査委員は単独でも活動することができる独任制の執行機関であるが，これを含めて，行政委員会とよぶのが通例である。

　行政委員会制度は，戦後の我が国において行政民主化の観点から導入されたものといわれるが，国においては憲法上の制約もあり行政委員会制度が発展しなかったのに対し，地方公共団体においては，制度として定着するとともに現行地方自治制度の大きな特色となっている。

　行政委員会制度がとられている理由は，複雑多岐にわたる行政を適正に処理するには，行政権限を長だけでなく複数の機関に分担させる必要があるということであるが，具体的には，次のような要請に応えるために設けられているといえる。

　①政治的中立性　　行政分野の拡大に伴い，一部の事務については公選の長からある程度独立し，政党政治の影響を受けることなく，公正中立に執行すべきこと。

　②専門技術性　　行政執行に高度の専門的知識や技術が要請されるようになり，それを外部から導入する必要があること。

　③民意反映及び利害調整　　行政執行にあたって，住民の意思を反映し，あるいは利害の調整を必要とするような場合が多くなったこと。

2 行政委員会の特色

　各行政委員会は，その設置目的にしたがってそれぞれ組織，権限を異にするが，共通の特色として，次の点をあげることができる。

　①委員会の性格　　行政委員会の第一の特色は，それが合議制の執行機関であるということである。一般に合議制の機関は，民主的かつ慎重な

意思決定が期待されるため公正中立な立場での行政執行あるいは審判的機能を果たすのに適している。その反面，非能率的であり，迅速な行政運営を図り難いという欠点が指摘されている。

②**委員会の構成**　　委員会の委員は，通常，議会の選挙，同意等を経て民主的に選任されるとともに，その身分は任期の定めがある等独立性を保障されている。また，委員会の政治的中立性を確保するため，委員の政党所属について制限が設けられていることが多い。

③**委員会の権限**　　委員会はそれぞれの権限とされた事項について，行政執行の権限を有するほか，職務執行の独立性を保障するため規則制定など準立法的機能や準司法的機能を併せ有する場合が多い。また，内部組織権及び人事権が認められていることも多い。

④**委員会の運営**　　行政委員会の最大の特色は，長から独立して，職権を行使することである。長は，行政委員会の職務執行に関して指揮監督をすることはできない。

行政委員会は，以上のような特色を有し，重要な機能を果たしているが，これに対する批判あるいは問題点として，①地方公共団体の行政機構を複雑化し厖大な人員を要すること，②行政の責任の所在が不明確になりやすいこと，③迅速かつ能率的な行政執行が困難なこと，④総合的な行政運営が困難であること等が指摘されている。

3　現行法上の行政委員会

現行制度上，行政委員会として設置しなければならないのは，次のとおりである。

都道府県においては，教育委員会，選挙管理委員会，人事委員会又は公平委員会，公安委員会，労働委員会，収用委員会，海区漁業調整委員会，内水面漁場管理委員会及び監査委員である。

市町村においては，教育委員会，選挙管理委員会，人事委員会又は公平委員会，監査委員，農業委員会及び固定資産評価審査委員会である（法180の5①，②，③）。

120

㊿ 長と行政委員会の協力関係

自治法138の3，180の2，180の3

1　一般的関係

　地方公共団体の執行機関には，長のほか，法律の定めるところにより置かれる委員会又は委員があるが，それらの組織は，地方公共団体の長の所轄の下に，それぞれ明確な範囲の所掌事務と権限を有する執行機関によって，系統的にこれを構成しなければならない（法138の3①）。また，これらの執行機関は，長の所轄の下に，執行機関相互の連絡を図り，すべて一体として，行政機能を発揮するようにしなければならない（法138の3②）。

　このように，地方公共団体の各執行機関すなわち長及び各行政委員会は，それぞれの担当する分野において，それぞれ独立してその職務を執行するが，長と各行政委員会の関係は全く対等独立というわけではなく，長はすべての執行機関の総括的代表者として，ある意味では，他の執行機関に対して優越的あるいは上級の機関たる地位を認められている。法律でいう「所轄」の意味は，二つの機関の間に，一方が上級の機関であることを認めながら，他方は相当程度その上級機関から独立した機関であることを表わす用語に使われるのが通例であり，これが地方公共団体の長と行政委員会との一般的関係を示すものである。

2　協力関係

　地方公共団体の長と行政委員会は，それぞれ担当する分野において，それぞれの事務組織を設け，補助職員を置き，独立してその職務を執行するのが原則である。しかし，地方公共団体の一体的かつ能率的な運営を図るためには，各執行機関の自主性とその職務権限の独立性を侵さない範囲において相互に事務上の便宜を図り，協力し合うことが必要である。このような観点から，地方自治法は，次のような協力方式を認めている。

　①**事務の委任及び補助執行**　　地方公共団体の長は，その権限に属する事務の一部を，行政委員会と協議して，委員会又は委員長（教育委員会にあっては，教育長），委員若しくはこれらの執行機関の事務を補助する職員等に委任し，又はそれらの補助職員等に補助執行させることができる

（法180の 2 ）。

　法律上，予算執行，使用料等の徴収等の権限は長の専属的権限とされている（法180の 6 ）が，行政委員会の職務執行の円滑化，能率化を図るために，長の権限の一部を行政委員会にも処理させる道を開いたのである。委任又は補助執行させることのできる事務には，法的には制限はないが，その制度の趣旨から，当然，行政委員会の本来の職務執行に直接関連ある事務に限られる。通常，委任される事務としては，一定額以下の契約の締結，使用料等の徴収，財産の管理，処分等が考えられる。

　以上とは逆に，行政委員会も，その権限に属する事務の一部を，長と協議して，長の補助職員等に委任し，又は補助執行させることができる（法180の 7 ）。ただし，公安委員会の権限に属する事務については，その職務執行の独立性を保障するため，委任することができないこととされている（令133の 2 ）。

　②職員の兼職及び事務従事　　　地方公共団体の長は，行政委員会と協議して，その補助機関である職員を，行政委員会の補助職員等と兼ねさせ，若しくはその補助職員等に充て，又は行政委員会の事務に従事させることができる（法180の 3 ）。

　行政委員会の職務は，その独自の補助職員等によって処理するのが原則であるが，行政機構の簡素化，経費の節減の趣旨から，必要に応じ，長の補助職員をして行政委員会の事務の処理に当たらせる道を開いたのである。その方法は，第 1 は，兼務であり，一種の任命行為である。第 2 は，条例，規則等により行政委員会の補助職員等には長の補助職員等をもって充てる旨を定め，これに基づいて特定職員にその事務に従事するよう職務命令することである。第 3 は，補助職員等に対して，行政委員会の事務に従事すべき旨を職務命令することであり，最も簡便な方法といえる。いずれの方法によっても，その効果は同じである。

3　行政委員会相互間の協力関係

　長以外の執行機関の補助職員相互間についても，長と行政委員会との協力関係の手続に準じて，兼職又は事務従事の方法により，協力することができる。

(61) 行政委員会に対する長の調整権

自治法180の４，221，238の２

1　長の一般的調整権

地方公共団体の長及び各行政委員会は，それぞれ独立して地方公共団体の運営に当たるが，行政の総合性，一体性を確保するために，地方公共団体の長は，地方公共団体を統轄し代表する（法147）という地位に基づいて，他の執行機関である行政委員会に対して，その自主性，独立性を侵さない範囲で，各種の調整機能を果たす権限が与えられている。

長の行政委員会に対する調整権としては，長の専属的権限の行使によって実質的に調整機能を果たす場合と本来の意味での調整権を行使する場合の２種類がある。

2　長の権限に基づく調整

行政委員会は，予算の調製及び執行，議案の提出，地方税，分担金等の徴収等及び決算の提出の権限を有しない（法180の６）。これらの権限は，地方公共団体の執行機関のなかで長のみが有しており，長の権限と責任において一元的に処理されるのである。したがって，行政執行の基本となるべき予算の調製，執行と，条例その他の議案の提出が長の権限とされている以上，長は実質的に予算，人員，立法の各側面で行政委員会に対して事実上，強力な調整権を行使することができるのである。すなわち，長は行政委員会の所轄事項に関する予算を調製し，議会に議案を提出し，行政委員会の職員の定数等を定めるに当たっては，一定の場合に関係行政委員会の意見を聞くことが義務づけられてはいるが，法的には，行政委員会の意向に拘束されるものではなく，長の権限と責任において処理することができるのであり，行政委員会は，長の定めた予算等の範囲内において，また，長の定めた基準にしたがって，その職務を執行することになるのである。

3　長の総合調整権

地方自治法によって，行政委員会に対する長の調整権として定められているのは，次のとおりである。

①組織人事に関する総合調整権　地方公共団体の長は，各執行機関

を通じて組織及び運営の合理化を図り，その相互の間に権衡を保持するため，必要があると認めるときは，行政委員会の事務局等の組織，それに属する職員の定数又はこれらの職員の身分取扱いについて，行政委員会に必要な措置を講ずべきことを勧告することができる。行政委員会が，これらの事項のうち組織，職員の身分取扱い等について，規程を定め又は変更しようとするときは，予め長と協議しなければならない（法180の4①，②）。

これは，行政委員会の内部管理事務に関して，長に調整権を認めたものである。

②予算執行に関する総合調整権　　地方公共団体の長は，予算の執行の適正を期するため，行政委員会又はその管理に属する機関で権限を有するものに対して，収入及び支出の実績若しくは見込みについて報告を徴し，予算の執行状況を実地について調査し，又はその結果に基づいて必要な措置を講ずべきことを求めることができる（法221①）。

予算執行は，公営企業管理者を除き，すべて長の権限とされているので，行政委員会に対して長の予算執行権の一部を委任している場合に，長はこの行政委員会に対して調査等を行い，調整することができることになる。

③公有財産に関する総合調整権　　地方公共団体の長は，公有財産の効率的運用を図るため必要があると認めるときは，行政委員会又はその管理に属する機関で権限を有する者に対し，公有財産の取得又は管理について，報告を求め，実地に調査し，又はその結果に基づいて必要な措置を講ずべきことを求めることができる。これらの者が，公有財産を取得し，又は行政財産の用途変更等をしようとするときは，予め長に協議しなければならない。また，行政財産の用途を廃止したときは，これを長に引き継がなければならない（法238の2）。

これは，公有財産の取得，管理事務の総合性，統一性を確保するための長の総合調整権である。

㉖ 監査委員

自治法195，196，198の3，198の4，199

1 監査委員の性格

地方公共団体に，必置機関として監査委員が置かれる（法195）。

地方公共団体の公正かつ効率的な運営を保障するため，地方公共団体の内部において行政運営，特に財務会計事務を監査する専門機関として設置される。その性格は，長から独立して職務を執行する行政委員会であるが，合議制の機関ではなく，原則として，それぞれ単独で職務権限を行使することができるいわゆる独任制の執行機関であるのを特徴としている。

2 構 成

監査委員の定数は，都道府県及び政令で定める市にあっては4人とし，その他の市及び町村にあっては2人とする。ただし，条例でその定数を増加することができる（法195②）。

監査委員は，地方公共団体の長が，議会の同意を得て，人格が高潔で財務管理，事業の経営管理その他行政運営について優れた識見を有する者及び議員のうちから選任する。議員のうちから選任される監査委員の数は，監査委員の定数が4人のときは2人又は1人，その他の市町村にあっては1人とされるが，条例で議員から監査委員を選任しないことができる（法196）。また，当該地方公共団体の職員であった者を監査委員に選任する場合は1人に限ることとされている（法196②）。

監査委員のうち識見を有する者の1人を代表監査委員とし，庶務及び訴訟等を処理させる（法199の3）。監査委員の任期は，識見を有する者は4年，議員たる者は議員の任期による（法197）。

3 職務権限

監査委員は，監査等の適切かつ有効な実施を図るため監査基準を定め，これに従って公正不偏に職務を遂行しなければならない。

監査委員の職務権限，つまり監査の種類は，一般に，監査委員の職権に基づいて行う一般監査と他からの要求によって行う特別監査に大別される。そして，一般監査は更に，毎年1回以上期日を定めて行う定例監査と必要

に応じて行う随時監査に区分される。また，このような監査のほか，地方自治法の定めるところにより，特別の監査，検査の権限を与えられている。

①**一般監査**　監査委員は，地方公共団体の財務に関する事務の執行及び地方公共団体の経営に係る事業の管理を監査する。また，必要があると認めるときは，政令で定めるものを除き，地方公共団体の事務についても監査することができる。また，一般行政に関しては，予算執行，出納事務，財産管理など広く財務に関する事務を対象とするが，必要があると認めるときは事務事業自体の効率を監査するいわゆる行政監査，能率監査も行うことができる。公営企業その他収益的事業については，事業の合理性，能率性などの観点からする行政監査を行うことができる。

②**特別監査**　監査委員は住民の直接請求（法75）による事務監査を行うが，この対象は，財務に関する事務だけでなく事務事業の全般におよぶ。また，議会の請求又は長から要求があったときは，その要求に係る事項について監査しなければならない（法98②，199⑥）。地方公共団体が補助金，交付金その他の財政的援助を与えている団体，地方公共団体が資本金，基本金等の4分の1以上を出資している団体等についても，監査することができる（法199⑦，令140の7）。

③**その他の監査，検査等**　監査委員の本来的な職務権限である監査のほか，決算の審査（法233②），現金出納の検査（法235の2①），住民監査請求による監査（法242①），職員の賠償責任の監査（法243の2の2③）等をする権限が与えられている。

4　監査の方法

監査の方法は，書面監査，実地監査があり，さらに必要があれば関係人の出頭を求め，若しくは関係人について調査し，又は関係人に対し帳簿，書類その他の記録の提出を求めることができる（法199⑧）。

監査委員は，監査の結果を議会，長，関係機関に報告し，かつ，これを公表しなければならない（法199⑨）。

5　監査専門委員

監査に関して必要な調査を行うため，専門の学識経験者を常設又は臨時の監査専門委員とすることができる（法200の2）。

63 外部監査制度

自治法252の27以下

1 監査制度の改正

　監査の目的は，地方公共団体の運営の適法性，妥当性を確保し，その合理化，効率化を図ることであり，このため各地方公共団体に監査委員が設置され，行政執行，特に財務会計事務について監査している。

　しかし近年，地方分権推進の動きに伴い，今まで以上に地方公共団体の行政運営の適正化と地方公共団体自らのチェック機能の充実強化が求められている。また，一部の地方公共団体において食糧費，旅費等の予算執行に不適切なものが指摘されるなど，地方公共団体の行政運営のあり方について厳しい眼が向けられている。このような背景のもとに，平成9年地方自治法が改正され，平成11年4月から監査制度の改革が行われた。

2 新しい監査制度の意義

　新しい監査制度の特長は，地方公共団体の監査として監査委員による内部監査とともに地方公共団体の組織に属さない専門家等による外部監査を導入したことである。

　監査委員制度についても，職務の独立性，専門性の強化等が図られているが，内部監査であることから一定の限界が指摘され，行政運営に関するチェック機能について住民の信頼により適切に応えるため，外部の専門的知識を有する者による外部監査の方式を導入して，地方公共団体の監査機能の独立性，専門性を一層強化することとされたのである。

3 外部監査制度

　①種類及び内容　　　外部監査制度は，監査委員とは別に，地方公共団体が当該団体の組織に属さない外部の専門的な知識を有する者（外部監査人）との契約により，監査を受け，その結果に関する報告を受ける制度であり，この外部監査契約は包括外部監査契約と個別外部監査契約に分けられる（法252の27）。

　ア　包括外部監査契約　地方公共団体が毎会計年度，行政の適正な執行を確保するため外部の専門的な知識を有する者の監査を受けることを内容

とする契約である。包括外部監査人の監査は，監査委員の行う監査と並んで行われるものであり，監査委員との役割分担を考慮して，従来監査委員が必要に応じて随時に行うとされている特定の事件について監査を行うこととされている（法252の37）。

イ　個別外部監査契約　住民，議会又は長から法律で認められた監査委員に対する請求又は要求があった場合に，監査委員の監査に代えて外部の専門的な知識を有する者の監査を受けることを内容とする契約である。この対象となるのは住民の事務監査請求（法75），議会の請求（法98②），長の請求（法199⑥，252の42①），住民監査請求（法242）である。

②外部監査をする団体　　ア　包括外部監査契約　これを義務づけられているのは都道府県，指定都市及び中核市であるが，条例により外部監査を行うことを定めた市町村はこの契約を締結することができる。

イ　個別外部監査契約　各地方公共団体が実情に応じて，包括外部監査契約とは別に，監査の請求又は要求のある事項ごとに条例により個別外部監査契約に基づく監査ができる旨を定めた場合において，住民，議会又は長が個別監査人による監査を求めたときに締結される。

③外部監査契約の相手方　　地方公共団体が外部監査契約を締結できる者すなわち外部監査人になれるのは，地方公共団体の財務管理，事業の経営管理その他行政運営に関して優れた識見を有する者で，弁護士，公認会計士等一定の資格を有する者又は行政において監査等の事務に従事し監査の実務に精通した者として政令で定める者等である（法252の28①，②）。

なお，包括外部監査契約は，一定の緊張関係を維持するため，連続して4回同一の者と結ぶことはできない（法252の36④）。

④監査結果の報告，公表　　外部監査人は契約期間内に監査を行い，監査の結果について報告を決定し，議会，長，監査委員並びに関係機関に提出しなければならない。監査委員は，監査結果が提出されたときは，これを公表しなければならない。

監査委員は外部監査人の監査結果に関し必要があると認めるときは，議会，長等に意見を提出できる。また，外部監査の結果に基づいて改善措置がとられたときは，公表しなければならない（法252の37，38，39他）。

64 人事委員会・公平委員会

地公法7，8，9の2，12

1 人事委員会・公平委員会の意義

　都道府県及び指定都市は，条例で人事委員会を置き，指定都市以外の市で人口15万以上のもの及び特別区は，人事委員会又は公平委員会を置き，人口15万未満の市，町，村及び地方公共団体の組合は公平委員会を置かなければならない（地公法7）。

　地方公共団体の職員，つまり地方公務員の身分取扱いについては，一般的に地方公務員法により定められており，近代的公務員制度が確立している。その一般的特質は，民主的な制度であること，政党の支配から独立であること，行政の能率的運営を図り得る科学的な公務員制度であることである。このような人事行政の円滑な運営のためには，人事行政に関する専門的機関を設置する必要があり，更に，執行機関の多元主義に伴い，任命権者が多数分立しているため，人事行政の統一性，公正性を確保するため，一元的な人事行政機関を設置する必要がある。このような理由によって設けられたのが，人事委員会・公平委員会である。ただ，地方公共団体が人事行政機関を設けるに当たっては，規模その他の実情が多種多様であって画一的制度が適しないことから，地方公共団体の実情に応じて，ある程度，人事委員会と公平委員会の選択を認めることとしたのである。

　人事委員会と公平委員会は，前者が総合的な人事行政機関であるのに対して後者は公平事務だけを担当するという機能上の差異があるが，その性格，組織等は同じで，いずれも任命権者から独立して，人事行政の公正と職員の利益の保護を図る任務を有する機関である。なお，その機能の違いに基づいて，人事委員会を置く地方公共団体とそれ以外とで，職員の任用等に関して取扱いを異にする場合がある。

2 組織

　人事委員会及び公平委員会の組織は，全く同じであり，ともに3人の委員をもって構成される。

　委員は，人格が高潔で，地方自治の本旨及び民主的で能率的な事務の処

理に理解があり，かつ，人事行政に関し識見を有する者のうちから，議会の同意を得て，長が選任する（地公法9の2①，②）。委員には欠格事項が定められているほか，一定の兼職兼業が禁止されており，さらに委員会の政治的中立性を保障するため，委員のうちの2人が同一政党に属することになってはならないとされている（地公法9の2③，④，⑤，法180の5⑥）。また，委員の任期は4年であり，身分を保障するため，心身の故障のため職務の遂行にたえないとき等のほかは，その意に反して罷免されることはない（地公法9の2⑦）。

3　権　限

　人事委員会は，人事行政全般にわたって広範な権限を有し，さらに準立法的，準司法的権限を有している。公平委員会は，準司法的権限である公平事務だけを行う。各々の権限は，地方公務員法のほか，個別の法令に定められているが，一般的なものは，次のとおりである。

　①人事行政に関する権限　　人事委員会は，人事行政に関する調査，給与その他の勤務条件等に関する研究，人事関係条例に関する意見の申出，人事行政に関する勧告，競争試験の実施等を行う権限を有する（地公法8①）。いわゆる給与改定に関する勧告も，団体協約権及び争議権の制限されている地方公務員に対して適切な給与を保障するための人事委員会の権限である（地公法26）。

　②準司法的権限　　人事委員会及び公平委員会は，職員の勤務条件に関する措置要求を審査，判定し，必要な措置を執り，また，職員に対する不利益処分についての審査請求に対して裁決又は決定をする（地公法8①Ⅸ～Ⅺ，②）。

　③準立法的権限　　人事委員会及び公平委員会は，その権限に属する事項について，人事委員会規則，公平委員会規則を制定することができる（地公法8⑤）。

4　事務局等

　人事委員会に原則として，事務局を置き，事務局長その他の職員を置く。公平委員会には，事務職員を置く。委員会の事務職員の定数は，条例で定め，その給与等については地方自治法の定めによることとされている（地公法12）。

65 教育委員会

地教法2以下

1 教育委員会の意義

都道府県，市町村及び教育事務を処理する市町村の組合に教育委員会が置かれる（地教法2）。

教育委員会に関する事項は，「地方教育行政の組織及び運営に関する法律」によって定められているが，それは，学校その他の教育機関を管理し，学校の組織編成，教育職員の身分取扱い等に関する事務を行うとともに社会教育その他教育，学術及び文化に関する事務を管理執行する教育行政の専門機関である。

教育委員会については，教育の政治的中立性と教育行政の安定性を確保するとともに一般行政と教育行政の調和を図るため，昭和31年，地方教育行政の組織及び運営に関する法律が制定され，現行の教育委員会制度となったが，平成26年地教法改正により，教育行政に関する長の権限の強化が図られるとともに長の任命する教育長を中心とする新しい教育委員会制度になった。

地方公共団体の長としては，教育，学術及び文化の振興に関する総合的な施策の大綱を定めるとともに総合教育会議を設け重要な事項について教育委員会と協議する権限が定められている。

2 組 織

教育委員会は，都道府県，市町村の別を問わず，教育長及び4人の委員をもって組織する（地教法3）。

教育長は長の被選挙権を有する者で，人格高潔で教育行政に関し識見を有するもののうちから長が議会の同意を得て任命する。

委員は，地方公共団体の長の被選挙権を有する者のうちから，長が議会の同意を得て，任命する。教育長及び教育委員に関しては，欠格事由，兼職兼業の禁止が定められているほか，委員会の政治的中立性を確保するため，半数以上が同一政党に所属することとなってはならないとされている。また，委員のうちに保護者である者を含めることとされている（地教法4，

6，法180の5⑥）。

　教育長の任期は3年，委員の任期は4年である（地教法5）。

3　権　限

　教育委員会は，地方公共団体の教育に関する事務を処理する。その職務権限の範囲はきわめて広範であるが，その主要なものは，学校その他の教育機関の設置，管理及び廃止，教育財産の管理，教育機関の職員の任免等，児童・生徒に関する事項，教科書等の取扱い，社会教育，スポーツ，文化財の保護等である（地教法21）。しかし，地方公共団体の教育に関する事務のうち，大学及び私立学校に関する事項，教育財産の取得及び処分，教育委員会の所掌に係る事項に関する契約の締結及び予算の執行は，長の権限とされている（地教法22）。また，条例により長がスポーツ，文化に関する事務を管理し執行することができる（地教法23）。なお，歳入歳出予算のうち教育に関する事務に係る部分その他特に教育に関する事務について議会の議案を作成する場合においては，教育委員会の意見をきかなければならない（地教法29）。

4　教育長及び事務局

　教育長は，教育委員会の会務を総理し，教育委員会を代表する（地教法13）。教育委員会を招集するなど教育委員会のすべての事務をつかさどる。また，教育委員会の事務を処理させるため，事務局を置き，指導主事，事務職員，技術職員その他の職員を置く（地教法17，18）。

　事務局職員の身分取扱いについては，地方教育行政の組織及び運営に関する法律，教育公務員特例法に特別の定めがあるものを除き，一般に地方公務員法が適用される。

66 給与，費用弁償等

自治法203，203の2，204，204の2

1 給与，費用弁償等の根拠

　地方公共団体の職員は，一般職たると特別職たるを問わず，また，常勤たると非常勤たるとを問わず，法律又はこれに基づく条例の定めるところにより，その勤務に対する反対給付として，給与その他の給付を受けることができる。

　地方自治法は，特別法に例外的な規定がある場合を除いて，職員に対する給与その他の給付について，非常勤職員と常勤職員に区分して，給与の種類を定め，それ以外のものの支給を禁じるとともに，支給するにあたっては法律又はこれに基づく条例の根拠を有すべきことを定めている（法204の2）。

2 非常勤職員の報酬等

　地方公共団体は，議会の議員，委員会の委員，附属機関の構成員等の非常勤の職員に対して，報酬を支給しなければならない（法203①，203の2①）。報酬は，一般的に勤務その他の役務の提供に対してその対価として支払われる反対給付のことであり，非常勤職員に対して支給されるものをいう。報酬と対比されるのは常勤職員に対して支給される給与であるが，給与は役務に対する反対給付というだけでなく生活保障的な性格を強く有している点で，報酬とは異なるものである。

　報酬は，勤務に対する対価であるから，原則として，勤務日数に応じて支給される（法203の2②）。

　次に非常勤職員は，その職務を行うため要する費用の弁償を受けることができる（法203の2③）。費用弁償は，実費の弁償であるが，厳密に実費を計算して支給しなければならないものではなく，通常は，日当及び旅費の標準的経費を定め，これに基づいて支給される。

　非常勤職員は報酬及び費用弁償（議員は，このほか条例の定めがあれば期末手当）以外には，いかなる名目であれ給付を受けることは許されない。

　非常勤職員の報酬等はこのように限定されているが，近年厳しい財政状

況や行政需要の多様化を背景として臨時・非常勤職員が増加していることに対応して公務員制度が改正され、報酬等についても見直されることになった。すなわち、平成29年地方公務員法改正により従来不明確であった一般職非常勤職員について新たに「会計年度任用職員」の制度を設け、このうち常勤職員と勤務実態が同様の者（フルタイム職員）については、常勤職員と同じく給料及び手当等を支給することとし、短時間勤務の者（パートタイム職員）についても期末手当又は勤勉手当を支給することができることとされた（法203の2）。

3　常勤職員の給与等

　地方公共団体は、長、常勤の職員、委員会の常勤の委員など常勤の職員並びに短時間勤務職員に対し、給料及び旅費を支給しなければならない。また、これらの職員に対しては、条例により、扶養手当、通勤手当、特殊勤務手当、時間外勤務手当、期末手当、退職手当などの手当を支給することができる（法204①、②）。

　給料というのは、職員の勤務に対する対価のことであり、非常勤職員の報酬と区別して、常勤職員に支給されるものを指す。なお、給与というのは、給料及び諸手当のことであり、給料とは給与のうち正規の勤務時間内の勤務に対する反対給付を意味している。

　給料請求権は、公法上の権利であるから、その基本権を放棄、譲渡する等はできないが、すでに発生した支分権については放棄すること等も可能である。ただし、長については、寄附禁止に該当するため、予め条例を改正するほかは、給料の全部又は一部を放棄することはできない。

　常勤職員に対する旅費は、費用弁償と同じ性格のものである。

　扶養手当、通勤手当その他の手当は、給与の一部をなすものであるが、その種類は法律に定めのあるものに限られる。

　このような給料、手当及び旅費の額並びに支給方法は、条例で定めなければならない（法204③）。ただ、地方公営企業法の適用又は準用を受ける職員については、その「給与の種類及び基準」のみが条例で定められ（公企法38④）、具体的な事項は企業管理規程等で定められる。

67 長と議会との関係

1 基本的関係

地方公共団体の行政組織の特色は，国の場合の議院内閣制とは異なり，執行機関である長と議決機関である議会とがともに住民の直接選挙によって選ばれる首長主義（大統領制）をとっていることである。この制度の下においては，長と議会はともに住民を代表する機関として，相互に対等の地位にあり，それぞれが明確な権限と責任を分担し，それぞれその権限を独立して自主的に行使することによって，相互の牽制と均衡を通して民主的かつ適正な地方公共団体の運営が図られるのである。

したがって，長と議会との関係は，それぞれ独立かつ自主的にその権限を行使し，機能を果たすことを基本とするが，円滑な地方公共団体の行政運営が行われるためには，両機関の協力関係が必要なことはいうまでもない。それと同時に，長と議会のいずれかが十分にその職責を果たさず又は両機関の間に意見の対立があるときは，地方公共団体の行政運営に支障をきたすことのないよう，相互に調整を図る手段が講じられなければならない。このような見地から，地方自治法においては，まず，長と議会の自主性を保障し，次にそれぞれを牽制する権限を与え，さらに，相互に意見が対立したような場合の調整手段とその最終的な解決手段を定めている。

2 長と議会の自主性の保障

長と議会とは，それぞれ明確な権限の配分のもとに，独立して自主的に機能を果たすことが保障されている。

権限の分担については，議会の権限は条例，予算等の議決権をはじめ広範にわたるが，それらは原則として法令の規定によって認められたものに限られ，それ以外の事項に関する意思決定及び事務執行はすべて長その他の執行機関の権限とされている。次に，議会の運営に関しては，議員に議会の招集請求権を与えるとともに，議案の提出権を認め，議会の開閉，会期の決定その他議会運営に関する事項は議会が自主的に決定することを保障している。さらに，常任委員会制度，調査権，図書室の設置等のほか，

執行機関　135

議会事務局の設置等独立の事務機構の整備が図られており，議会が，長から独立して自主的に積極的な議会活動を行うことが保障されているのである。

なお，長その他の執行機関は，当然には議会に出席しないものとされているが，これも議会の自主性を尊重する趣旨である。

3　議会の執行機関に対する牽制

議会の権限の中で，意思決定のための議決権と並んで重要なものは長その他の執行機関の事務執行を監視し，牽制する権限である。広くは議決権もこれに該当するが，議会は，長その他の執行機関に対して議会への出席，説明を求め，事務執行に対して同意を与え，事務を検査し，監査請求を行い，さらに調査を行う等の権限を与えられている。これらは，執行機関に対する民主的統制の手段として，住民の代表機関たる議会に与えられた権限であり，その行使により執行機関の独断専行を牽制することを目的とするのである。

4　長の調整

長と議会との間に対立が生じたような場合，それを調整する手段は，主として長の側に与えられている。

長は，議会の招集権及び議案の提出権を有するほか，議会の議決，選挙等が違法不当であると認めるときは，その是正または再考を求めるための手段として拒否権を与えられ（再議），また，議会がその職責を十分に果たさないときは，議会に代って，その権限を行使する専決処分をすることができる。

5　不信任議決と議会の解散

長と議会との対立を調整することが困難である場合，これを最終的に解決する手段は，長に対する議会の不信任議決とこれに対抗するための長の議会解散権である。これは，長と議会の対立を，選挙による住民の審判を通じて，解決しようとするものである。なお，一定の経費について，予算を削減する議決がなされたときは，これを長に対する不信任議決とみなすことができるので，長は議会解散により住民に信を問うことができる。

68 再議制度

自治法176, 177

1 再議制度の意義

　再議制度とは，長が議会の議決，選挙等に異議がある場合において，その効力の発生を拒否して，再度の審議及び議決等を要求する制度である。これは，長と議会との間に対立がある場合，長の側からこの対立を調整する手段として認められたもので，一般に，長のこの権限を拒否権という。

　従来，地方自治法上，再議制度として条例又は予算について長が一般的に異議がある場合の再議を一般的拒否権とよび，違法な議決等あるいは予算に関する議決について特に認められた再議を特別的拒否権として認められてきたが，平成24年地方自治法改正により，再議の対象が拡大された。

2 再議の種類

　地方自治法は，次の要件に該当する場合に再議を認めている。

　①異議ある議決　　議会における議決について異議があるときは，地方自治法に特別の定めがあるものを除くほか，長は，その議決の日から10日以内に理由を示してこれを再議に付することができる（法176①）。

　長のこの権限を一般的拒否権という。長の異議には法上特段の制限はなく，再議の対象は条例及び予算の議決に限らず，総合計画等広く議決事件を含むが，効力又は執行上の問題を生じることのない否決の場合を含まない。また，この再議は他の再議に付すべき場合には，行使することはできない。

　長が一般的拒否権を行使したときは，再議に付された議決は効力の発生を停止される。再議に付された議決は，再度同じ議決がされたときは確定するが，条例の制定・改廃及び予算については，議会において出席議員の3分の2以上の多数によって，再議に付された議決と同じ議決をしない限り，確定しない（法176②，③）。

　②違法な議決又は選挙　　議会の議決又は選挙がその権限を超え又は法令若しくは会議規則に違反すると認めるときは，長は理由を示してこれを再議に付し又は再選挙を行わせなければならない（法176④）。

執行機関　*137*

　これは，違法な議決，選挙を地方公共団体の内部において是正すること
を目的とするものである。議決の中には否決を含み，また，すでに執行さ
れている場合でも再議に付される。
　再議に付された議決又は選挙の再議決又は再選挙がなお違法であると認
めるときは，都道府県知事にあっては総務大臣，市町村長にあっては都道
府県知事に対し，当該議決等のあった日から21日以内に，審査を申立てる
ことができる。この審査申立てに対する裁定に不服のあるときは，議会又
は長は，裁判所に出訴することができる（法176⑤，⑥，⑦）。
　③義務費の削除又は減額　　　　法令により負担する経費，法律の規定に
基づき行政庁の職権により命ずる経費その他の地方公共団体の義務に属す
る経費を削除し又は減額する議決をしたときは，これを再議に付さなけれ
ばならない（法177）。この経費の例としては，生活保護費，各種分担金等
のほか，公法上，私法上の原因により支出義務の確定している経費例えば
公債償還金，契約代金等がある。これらの削除とは，当該費用の全部を予
算から除却することであるが，否決の場合もこれに当たる。
　再議に付された場合において，議会の議決がなおこれらの経費を削除又
は減額するものである場合，長はその経費及びこれに伴う収入を予算に計
上してその経費を支出することができる（法177②）。これは，予算議決主
義の例外をなすものであり，通常，予算の原案執行権とよばれる。
　④非常災害費等の削除又は減額　　　　非常の災害による応急若しくは復
旧の施設のために必要な経費又は感染症予防のために必要な経費を削除又
は減額する議決をしたときは，長は，これを再議に付さなければならない。
再議に付しても，なお，議会の議決が当該経費を削減するものであるとき
は，長はその議決を不信任議決とみなすことができる（法177①Ⅱ，③）。

❻❾ 専 決 処 分

自治法179, 180

1 専決処分の意義

　専決処分とは，議会がその権限を適切に行使しなかったり，緊急の事件が発生し，あるいは議会と長とが対立する等により，議会の意思決定を得ることが困難なため地方公共団体の円滑な運営が阻害され，住民生活に影響を及ぼすおそれがあるような場合において，長に議会の権限を代って行使することを認めることにより，議会と長との均衡抑制の関係を長の側から調整する制度である。

　長の行う専決処分には，直接地方自治法第179条の規定に基づいて行う狭義の専決処分と，第180条の規定に基づいて議会の委任により行われる場合があり，通常，専決処分という場合には前者を指す。

2 専決処分の要件

　地方自治法第179条の規定による専決処分は，議会の議決すべき事項又は決定すべき事項を，長が代って処分するもので，その要件は，次の4つの場合である。ただし副知事又は副市町村長及び指定都市の総合区長の選任の同意については専決処分することはできない（法179ただし書き）。

　①議会が成立しないとき　　　議会が成立しないときとは，現に在職する議員数が議員定数の半数に満たないため，会議を開くことも議会を招集することもできない場合である（法113）。

　②地方自治法第113条ただし書の場合においてなお会議を開くことができない場合　　　議会は，出席議員が除斥のため半数に達しない場合，同一の事件につき再度招集してもなお半数に達しない場合等には例外的に，出席議員が議員定数の半数に達しなくとも会議を開くことができるが，この場合でも議長のほか最低2名以上の出席が必要であるので，出席議員が1名以下の場合には会議を開くことができない。この場合，長は専決処分することができるのである。

　③長において特に緊急を要するため議会を招集する時間的余裕がないことが明らかであると認めるとき　　　これは，案件が緊急を要するため，

執行機関　*139*

議会を招集してその議決を経て執行するときは時機を失するような場合である。議会を招集する時間的余裕がないとの認定は，長が行うが，これは客観的なものでなければならない。

④議会において議決又は決定すべき事件を議決又は決定しないとき

これは，議会が法令上議決権又は決定権を有している事項について，議決又は決定を得ることができない一切の場合であり，議決又は決定が得られない原因が，議会の故意によるか否かを問わない。しかし，選挙，不信任議決，意見書提出のように事務執行と関係のない事項については，専決処分の対象とならず，また，否決も議決の一種であるから，否決された事件について専決処分することはできない。

3　専決処分の効果

長が，議会の議決すべき事件又は決定すべき事件を専決処分したときは，議会の議決又は決定を経たのと同じ効果を生じる。すなわち，長が議会に代って，本来議会の行うべき意思決定を行うのであり，例えば，条例を制定し，予算を成立させ，重要な契約を締結することができることになるのである。長は，この処分をしたときは，次の会議においてこれを議会に報告し，その承認を求めなければならないが（法179③），その承認を得られない場合でも，長の政治的責任の問題は別として，すでに行った専決処分の効力には影響がない。

ただし，条例の制定改廃又は予算に関する処置について，承認が否決されたときは，長は速やかに当該処置に関して必要な措置を講じて，議会に報告しなければならない（法179④）。

4　議会の委任による専決処分

議会の権限に属する軽易な事項で，その議決により特に指定したものは，長において専決処分することができる。この場合，長はこれを議会に報告しなければならない（法180）。この専決事項の指定は，任意委任の性格を有するものと考えられる。委任できる事項は，原則として団体意思の決定に係る議決権であり，選挙，決定，同意等の権限は，議会が自ら行使すべきで，委任することはできない。

70 不信任議決と議会解散

自治法178, 177③

1 意 義

長と議会とが対立し，通常の調整手段によっては，その関係を修復することができない状態に至った場合には，特別の手段によって，両機関の対立が解消されなければならない。このための，最終的手段として，議会に与えられた権限が長に対する不信任議決権であり，これに対する長の対抗手段として与えられているのが議会解散権である。

不信任議決及び議会解散は，長と議会との対立関係を，いずれか一方の機関を解職することにより，最終的に選挙を通して住民の審判に委ね，もって民主的に解決しようとする制度である。この不信任議決の制度は，本来，議院内閣制の下において特徴的にみられるものであり，首長主義をとる地方自治制度においてこの制度をとり入れているのは，特異な例といわれる。

2 不信任議決の要件

①**不信任議決** 議会が長の不信任の議決をすることができる場合については，法律上特別の制限はないので，理由の如何を問わず，所定の要件を備えていれば，有効な不信任議決となる。法律上の要件としては，議員数の3分の2以上の者が出席し，その4分の3以上の者の特別多数議決が必要とされている（法178③）。

不信任議決は，明確に不信任議決と認められるものでなければならないが，必ずしも不信任案を可決した場合だけでなく，辞職勧告決議あるいは信任案の否決も，不信任議決の内容を有することが明らかで法定の要件を満たしている限り，不信任議決に該当すると解される。このように，かなり広い範囲で不信任議決の成立を認めるのが判例，通説の見解であるが，これは不信任議決の要件を厳格に解する場合には，ほとんど不信任議決の成立する余地がなく，長が議会に対抗する手段を持ち得なくなること，及び予算の非常災害費等の削減の場合との均衡を図る必要があることによるのである。しかし，いかに政治的，行政的に重要な案件であっても，これ

を否決しただけの場合に，これを不信任議決とみなすことはできないと解されている。

②不信任議決とみなされる場合　議会が，非常の災害に因る応急若しくは復旧の施設のために必要な経費又は感染症予防のために必要な経費を削除又は減額したときは，長はこれを再議に付さなければならないが，再議に付してもなお当該経費を削除又は減額した場合は，長は，その議決を不信任の議決とみなすことができる（法177①Ⅱ，③）。

この議決は，出席議員の過半数で足りるが，これはこの種の経費の削減は長に対する全面的な不信任の表明と考えられるからである。なお，これを不信任議決とみなして議会を解散するか，議会の議決に従って執行するかは，長の判断による。

3　不信任議決の効果

①議会の解散　議会において不信任の議決がなされたときは，長は，その通知を受けた日から10日以内に議会を解散することができる（法178①）。議会の解散により，すべての議員がその身分を失うことになり，議員の一般選挙が行われる。

②長の失職　不信任議決があった場合において，通知を受けた日から10日以内に議会を解散しないときは，その期間が経過した日において，長はその職を失う（法178②）。この制度の趣旨は，不信任議決があったときは，長又は議会の議員のいずれかがその職を失うことにより，その対立関係を解消し新しい機関を選挙することである。

4　再度の不信任議決

不信任議決に対抗して長が議会を解散した場合，その解散後初めて招集された議会において議員数の3分の2以上の者が出席し，過半数により再び不信任の議決があったときは，長はその職を失う（法178②，③）。これは，選挙の結果示された住民意思を尊重して，長の失職という形で長と議会との対立を調整するものに外ならない。

㉑ 予算の意義

1 予算の意義

　予算とは，一般に，地方公共団体の一会計年度における収入及び支出の見積りのことであるが，その法的な性格は，支出に関しては，議会の議決を経て，地方公共団体の意思として決定され，その執行を規律する法形式の一つである。

　予算は，歳入及び歳出の見積りであるが，このうち歳入は，予算とは別に，法令，条例，規則等の根拠に基づいて徴収されるものであり，その予算は単なる収入の予定の見積りにすぎない。これに対して，歳出予算は，支出の予定の見積りであるとともに，長に対して，予算で定める目的及び金額の範囲内で支出する権限を付与するものであり，また，その反面，長に対して，支出の限度を定めるものである。すなわち，長は，予算で定められた事項以外のため，また，予算で定められた額を超えて支出することは許されず，この意味において，歳出予算は長を拘束するのである。

　このように，地方公共団体の予算は，自主法の一形式たる性格を有するものであるが，それが法規である条例と異なるのは，予算は，直接住民との間に権利義務の関係を生じるものではなく，また，予算は長に対し経費支出すなわち事務執行の権限を付与するものではあるが，それを義務づけるものではないということである。

　また，予算は，機能の面からは，一会計年度における地方公共団体の行政運営の経済的，財政的表現であり，しばしば政策又は行政の数量化された一覧表といわれる。すなわち，予算は，各年度における政策そのものであり，地方公共団体の政治，行政の計画とみられるのである。

2 予算の議決の意義

　予算は，その性格が法形式の1つであるとされているように，地方公共団体の基本的な意思であるから，住民の代表機関である議会の議決によって成立する。しかし，予算は，個別の行政について定める条例とは異なり，一会計年度における地方公共団体の総合的な行政運営あるいは行政計画の

財政的表現であるから，行政執行の責任と権限を有する長が総合的，統一的に編成することが妥当であると考えられ，したがって，地方公共団体の団体意思ではあるが，長のみが予算を作成し，提案することができるとされているのである。

予算は，歳入すなわち租税その他の財源が住民の負担によって調達されるものである以上，歳出であるその使途について意思決定し，監視するのは，当然，住民を代表する議会の基本的な権限の１つである。

予算は，また，地方公共団体のすべての活動の経済的基盤であるから，議会の予算に関する権限の行使は，地方公共団体の行政運営を左右し又は拘束することになる。このため地方自治法においては，予算について，一方においては議会の審議が十分行われ議会の権限が適切に行使されるよう，長の予算提出の時期，資料等について特別の定めを設けているとともに他方では，議会がその機能を十分に果たさない場合又は議会と長とが対立したような場合，行政運営に支障をきたさないよう特別の再議制度，原案執行等の調整手段を定めている。さらに，予算の重要性にかんがみて，予算中の特定の経費について議会が削除又は減額した場合においては，長はこの議決をもって不信任議決とみなすことができ，議会を解散する方法等により，議会と長との対立関係を解消し，もって予算執行及び行政運営の円滑な確保を図ろうとしているのである。

3　予算の執行

予算の執行は，長の権限である。執行機関である各種行政委員会及び議決機関である議会は，予算執行権を有さず，ただ，長からその所管に属する事項について権限の委任を受けた場合にのみ予算執行をすることができる。このように，地方公共団体の行政運営の基盤となる予算執行権が長の専属的権限とされているのは，予算の提出権が長に専属していることと相まって，地方公共団体の運営における長の地位と権限の優位を示すものである。なお，地方公営企業の予算については，企業管理者が，地方公営企業の適切な経営管理を確保するため，必要な計画を定め，これに従って予算を執行するものとされている（公企法施行令18）。

⓻ 予算の原則

自治法208, 209, 210, 211, 219

1 予算原則の意義

地方公共団体の予算については，収入支出の均衡を保ち，その明瞭確実を期し，さらに予算の民主性を確保するために，いくつかの原則がとられている。一般に，予算の事前議決の原則（法211），予算公開の原則（法219②）とともに，次のものが現行制度上の予算原則としてあげられる。

2 総計予算主義の原則

一会計年度における一切の収入及び支出は，すべて歳入歳出予算に編入しなければならない（法210）。これが，総計予算主義の原則である。これに対して，収入をあげるに要する経費を控除した残額のみを歳入に計上し，支出に伴い生ずる収入を控除した残額のみを歳出に計上するのが，純計予算主義の原則である。

総計予算主義の原則は，すべての歳入及び歳出が予算に計上されるために，収入及び支出の均衡を図ることができるとともに，歳入歳出に一覧性を与え全体の通観を容易にし，議会による民主的統制の便に資するものである。

3 予算単一主義の原則

地方公共団体のすべての収入及び支出を単一の予算に計上して，一会計の下に経理することをいう。会計統一の原則ともいう。収入支出がすべて予算に編入されることとされているのは，この趣旨による。この予算単一の原則は，財政全体の通観を容易にし，財政の膨脹紊乱を防止することを目的とするものである。

予算単一の原則に対する例外として，特別会計と補正予算とがある。特別会計は，地方公共団体が特定の事業を行う場合その他特定の歳入をもって特定の歳出に充て一般の歳入歳出と区分して経理する必要がある場合に，条例により設置する会計のことである（法209②）。

補正予算は，当初予算又は本予算の成立後，これに追加その他の変更を加えるために編成される予算のことである。

財　務　*145*

4　会計年度独立の原則

　会計年度とは，歳入歳出を区分して会計経理を明確ならしめ，その間の収支の均衡を保たせるために設けられた一定期間のことであり，会計年度独立の原則とは，一会計年度の歳出は当該年度の歳入をもって充てるべきことをいう（法208②）。地方公共団体の会計年度は，毎年4月1日に始まり翌年3月31日に終わる（法208①）。

　会計年度独立の原則は，歳入歳出を対比することにより，財政運営を計画的ならしめ，その健全化を図ることを目的とするものである。しかし，行財政計画の長期化等の理由により，この原則をあまり厳格に適用すると，かえって地方公共団体の財政運営を阻害する場合があるので，予算の能率的執行という観点から，次のような例外が認められている。

　①継続費　　　地方公共団体の経費をもって支弁する事件でその履行に数年度を要するものについては，予算の定めるところにより，その経費の総額及び年割額を定め，数年度にわたって支出することができる（法212）。

　②繰越明許費　　　歳出予算の経費のうちその性質上又は予算成立後の事由に基づき年度内にその支出を終わらない見込みのあるものについては，予算の定めるところにより，翌年度に繰り越して使用することができる（法213）。

　③事故繰越し　　　歳出予算の経費の金額のうち，年度内に支出負担行為をし，避けがたい事故のため年度内に支出を終わらなかったものは，これを翌年度に繰り越して使用することができる（法220③ただし書）。

　④過年度収入及び過年度支出　　　出納閉鎖後の収入又は支出は，会計処理上，現年度の歳入又は歳出として処理される（令160，165の8）。

　⑤歳計剰余金の繰越し　　　各会計年度において決算上剰余金を生じたときは，翌年度の歳入に編入しなければならない。ただし，条例又は議決により，その全部又は一部を翌年に繰り越さず基金に編入することができる（法233の2）。

　⑥翌年度歳入の繰上充用　　　会計年度経過後にいたって歳入が歳出に不足するときは，翌年度の歳入を繰り上げてこれに充てることができる（令166の2）。

⑦ 予算の種類

自治法209, 211, 218

1 予算の分類

　地方公共団体の予算は，いろいろの観点から分類することができるが，一般には，地方自治法の規定に従った分類が行われることが多い。予算は，本来，一会計年度を通じて，年度開始前に成立した1つの予算によって運営されるのが理想ではあるが，社会経済情勢の変化等に即応することが求められるために，いわば中心となる予算のほかにこれを補い又は修正する予算を設け，これらを併せて地方公共団体の予算が全体として最終的に定められることとされている。これ以外にも何種類かの分類があるが，一般に用いられる予算の種類は，次のようなものである。

2 当初予算と補正予算

　当初予算とは，一会計年度を通じて一切の歳入及び歳出を計上し，毎年度，会計年度開始前に議決すべき予算のことである（法211）。地方自治法においては通常予算という語が用いられているが（法233③），一般に，当初予算又は本予算とよばれることが多い。また，一般に予算という場合，この当初予算を指すことが多い。

　これに対して，補正予算とは，当初予算の調製後に生じた事由に基づいて，既定の予算に追加その他の変更を加える必要があるときに調製されるものである（法218①）。予算は，当然，会計年度経過後においては，これを補正することはできない（令148）ので，補正予算は，当初予算と同一の会計年度内に調製され，議決されなければならない。地方公共団体の財政が国庫支出金，公債等に依存する度合いが強く，また，経済情勢についての見通しの不確実な現在，一会計年度を通じて当初予算だけで地方公共団体の財政運営を行うことは困難な場合が多く，補正予算が調製されるのが通例である。

3 本予算と暫定予算

　暫定予算とは，本予算（当初予算）が年度開始前までに成立する見込みのない場合その他特別な必要がある場合において，年間を通ずる本予算が

成立するまでのつなぎとして調製される一会計年度の中の一定期間に係る予算である。暫定予算は，あくまでも本予算が成立するまでの間，行政の中断を防ぐためのつなぎ予算であるから，本予算が成立したときは，その中に吸収されて効力を失い，その暫定予算に基づく支出又は債務負担があるときは，その支出又は債務負担は，本予算に基づいてなされたものとみなされる（法218②，③）。

4　本格予算と骨格予算

骨格予算というのは，経済事情の変動が著しいため，年間を通じる予算を編成することが困難な場合，あるいは会計年度の途中において長の選挙が行われるような場合において，さしあたり必要最小限の経費だけを計上した予算を編成しておき，政策的経費等を盛り込んだ本格予算は，経済の見通しの立ったとき，あるいは新しく選挙された長の判断に委ねるものである。法律に定められたものではなく，いわば慣行として編成される予算の一方式である。

5　一般会計予算と特別会計予算

地方公共団体の会計は，一般会計と特別会計に区分される。特別会計は，地方公共団体が特定の事業を行う場合その他特定の歳入をもって特定の歳出に充て，一般の歳入歳出と区分して経理する必要がある場合において，条例で設置されるものである（法209）。地方公営企業法による交通，水道等の事業については特別会計の設置が義務づけられているが，このほか，市場，病院，貸付事業等がこれに当たる。

一般会計と特別会計は，会計の区分であるので，厳密には予算の種類とはいえないが，一般会計予算と特別会計予算とは分離して経理されるものである。なお，特別会計予算は，地方公営企業法等の適用のあるものを除き，条例で設けられ，一般会計予算の調製の様式に準じて調製されることになっている（自治法施行規則14）。

6　総計予算

地方公共団体の予算は，一切の収入及び支出を計上する総計予算を採用している。

❼❹ 予算の内容

自治法215

1 一般的内容

　一般に予算という場合，歳入歳出予算を指すことが多いが，地方自治法上の予算は，歳入歳出予算だけでなく，これに直接関連するもの又は将来財政負担を伴い実質的に予算となるものをすべて含むものである。

　地方自治法において，予算の内容とされている事項は，次のとおりである。

2 歳入歳出予算

　歳入歳出予算は，広義における予算のなかでも本来的な予算であり，一会計年度における一切の収入及び支出が計上されたものである（法210）。歳入歳出予算は，歳入にあっては，その性質に従って款に大別し，各款はさらに項に区分される。歳出は，その目的に従って，款項に区分される（法216）。一般に，歳入予算は，歳出の財源たる資金調達の見積りにすぎないので，その区分は単に収入をいかに整理区分するかにすぎない。これに対して，歳出予算は，その目的，金額等の範囲内においてのみ長に対して支出の権限を付与しそれ以外の支出を制限するものであるから，その区分は重要な意義を有する。

　なお，議会の議決の対象となるのは，予算の款項までであるが，これはさらに目，節に細分される。これは，款項の議決科目に対して，一般に執行科目又は行政科目といわれる。

3 継続費

　継続費とは，地方公共団体の経費をもって支弁する事件でその履行に数年度を要するものについて，その経費の総額及び年割額を定め，数年度にわたって支出するものをいう（法212）。会計年度独立の原則に対する例外をなすものであり，例えば完成に長期間を要する大規模建設事業，物件の購入等が，この典型である。

　継続費は，所要経費の総額を定めるとともに，期間中の各年度の年割額を定め，予算として議決を経ることによって行われ，年度割の支出額は，

期間中の歳入歳出予算に計上される。

4 　繰越明許費

　繰越明許費とは，歳出予算の経費のうちその性質上又は予算成立後の事由に基づき年度内にその支出を終わらない見込みのあるものについて，翌年度に繰り越して使用することができることとするものである（法213）。これは会計年度独立の原則に対する例外である。

　繰越明許は，歳出予算の一部を翌年度に繰越すという点で事故繰越し（法220③ただし書）と類似するが，前者は予算で定められるのに対し，後者は予期しなかった事故のために繰越すものであり，その性格を異にする。

5 　債務負担行為

　債務負担行為とは，歳出予算，継続費又は繰越明許費の金額に含まれているものを除き，地方公共団体が将来にわたり債務を負担することである（法214）。債務負担行為は，原則として，翌年度以降に支出義務を生じるものであり，債務負担行為として予算で定められた事項は，支出すべき年度において，義務費として歳入歳出予算に計上されることになる。これは，会計年度独立の原則の例外であり，実際上，継続費と同じように用いられている。

6 　地方債

　地方債は，財源の不足を補い又は特定の費途にあてる目的で，地方公共団体が年度を超えて外部から借り入れる金銭のことである。

　地方債は，本来，事業財源すなわちその収入をもって事業を行ういわゆる投資的財源であり，大規模事業の執行等一時に多額の経費を要するものについて他から経費を借り入れて事業を執行し，定められた年次償還額によって毎年返済することにより負担を将来に転化する作用をもつものである。

7 　一時借入金

　地方公共団体の長は，歳出予算内の支出をするため，一時借入金を借り入れることができるが，予算で定めるのは，借入れの最高額である。

8 　歳出予算の各項の経費の金額の流用

　歳出予算の各項に過不足をきたす場合，行政運営の円滑化の見地から，同一款内における各項間の経費の流用を，予算の定めるところにより例外的に認めるものである。

150

㊄ 予算の制定の手続

自治法211, 219

1 予算の調製

　地方公共団体の予算の調製すなわち予算の編成までの一切の行為は，長の権限に属する（法149Ⅱ，211①，218①）。教育委員会，公安委員会，選挙管理委員会その他の行政委員会の所管に係る予算も，長が調製する（法180の6Ⅰ）。予算は地方公共団体の行政運営の財政的表現であるから，長の権限と責任のもとに，その統一性と総合性を確保する趣旨である。ただし，地方公営企業の予算に関しては，企業管理者が予算の原案を作成し，これに基づいて，長が調製することとされている（公企法24）。また，教育に関する予算については，教育委員会の意見をきかなければならないこととされている（地教法29）。

　地方公共団体の予算の編成にあたっては，歳出については，法令の定めるところに従い，かつ，合理的な基準によりその経費を算定し，これを予算に計上し，歳入にあっては，あらゆる資料に基づいて正確にその財源を捕そくし，かつ，経済の現実に即応してその収入を算定して，これを予算に計上しなければならない（地財法3）。

　予算編成の手続は，特に定められていないが，一般に，予算編成方針に基づき，まず各部局が予算要求書を作成し，これを財務当局が査定し，副知事・副市町村長の査定を経て最後に知事・市町村長の査定により，予算の編成が終了する。予算編成は，政策決定にほかならないから，その過程において，国の予算編成等に関する情報の収集及び連絡や議会その他関係団体等との意見交換又は折衝等が行われることがあるのはいうまでもない。

2 予算の提出

　予算を議会に提出するのは，長の専属的権限に属する。行政委員会も企業管理者も，予算を提出することはできず，議員も予算の提出権を有しない（法112①但し書）。

　予算の提案権が議員に認められていないのは，予算は行政計画の財政的表現であるという性格上，本来，執行機関たる長の権限と責任において編

成し，提案させるべきであるという考えによるのである。

　予算を議会に提出する時期は，当初予算の場合においては，遅くとも年度開始前，都道府県及び指定都市にあっては30日，その他の市及び町村にあっては20日とされている（法211①）。これは，議会に予算審議を十分に行い得るだけの時間的余裕を与えるための配慮である。補正予算，暫定予算については，このような制限はないので，適宜，提出することができる。

　長が予算を議会に提出するときは，歳入歳出予算事項別明細書，給与費明細書その他の予算に関する説明書をあわせて提出しなければならない（法211②）。

3　予算の成立

　予算は，議会の議決によって成立する。当初予算は，会計年度の開始前に議決されるべきものであるが（法211①），年度開始後に議決された場合においても，もとより有効である。

　議会の予算審議は，条例等の議案の場合と同様であるが，明文の規定で，長の提案権を侵害しない限度で増額修正することができること（法97②），つまり予算の増額修正には限界があることが定められている。削除又は減額する修正については制限はないが，再議に付される場合がある。

　なお，議会の議決を経ずに予算が成立する例外的な場合として，義務費に関する原案執行（法177②），専決処分（法179①）及び弾力条項の適用（法218④）がある。

　成立した予算は，当初予算の場合には会計年度の開始とともに，補正予算の場合は直ちに効力を生じることになる。

4　予算の送付，公表等

　予算を定める議決があったときは，議会の議長はその日から3日以内にこれを長に送付しなければならない（法219①）。長は，予算の議決に関しては，一般的拒否権（法176①）のほか特別の再議（法177）を認められているが，このような措置を講ずる必要がないと認めるときは，その要領を住民に公表しなければならない（法219②）。

㉘ 分担金，使用料，手数料

自治法224，225，227，228

1 分担金，使用料等の意義

地方公共団体は，その経費を支弁するため地方税を賦課徴収するほか，分担金，使用料，加入金，手数料を徴収することができる。地方自治法上，これらの歳入は，公法上の収入として，条例で定めるべきこと，強制徴収できるものがあること，その義務違反に対しては過料を科することができること等が定められている。

2 分担金

地方公共団体は，数人又は地方公共団体の一部に対し利益のある事件に関し，その必要な費用に充てるため，当該事件により特に利益を受ける者から，その受益の限度において，分担金を徴収することができる（法224）。

分担金は，公権力に基づいて徴収される金銭であるが，一般住民から徴収するのではなく，特別の利益を受ける者から徴収するものであり，無償で賦課するものではなく報償的性格を有するものであり，また，一般的収入ではなく当該事件の費用に充てるため徴収される点において，税と異なる。

分担金を徴収しうる場合としては，防風，防火，防水，防潮等の措置あるいは農道，溜池等の農業土木事業等があるが，学校教育のように一般的受益の性質を有するものは，これに該当しない。

なお，分担金が，道路，河川等の工事に伴って徴収される場合には，道路法，河川法等にそれぞれ特別の定めがある。これらの場合，負担金とよばれることがある。

3 使用料

地方公共団体は，行政財産の許可使用（法238の4⑦）又は公の施設の利用につき使用料を徴収することができる（法225）。

使用料は，行政財産の使用又は公の施設の利用に対しその対価たる反対給付として徴収されるものである。行政財産の許可使用としては，例えば庁舎内の売店，食堂等がある。しかし，普通財産の使用は私法上の契約に

財　務　153

よって行われるので，この場合は使用料でなく賃貸料が徴収される。公の
施設に関しては，地方自治法第244条以下に規定されているが，その種類
は広範にわたり，病院の診察料，公営住宅の家賃，学校の授業料，水道料
金等がこれに該当する。

なお，地方公共団体又はその長が管理する国の営造物で当該地方公共団
体がその管理に要する経費を負担するものについては，条例の定めるとこ
ろにより，当該営造物の使用につき使用料を徴収することができる（地財
法23）。これには，道路，河川等の例がある。

4　手数料

地方公共団体は，地方公共団体の事務で特定の者のためにするものにつ
き，手数料を徴収することができる（法227）。

手数料とは，特定の者に対して提供する役務の対価として徴収する報償
的性格を有する反対給付である。手数料を徴収しうるのは，特定の者の要
求に基づき，その者の利益又は必要のためになす事務，例えば各種の証明，
許可等であり，採用試験等もっぱら地方公共団体の行政上の必要に基づく
事務について手数料を徴収することはできない。

5　分担金，使用料等の徴収の手続

分担金，使用料，加入金及び手数料に関する事項については条例で定め
なければならない（法228①，96①Ⅳ）。

条例で規定する事項は，分担金等を徴収すべき事件又は事務，納入義務
者，金額，徴収の方法等である。

分担金，又は法律で定める使用料については，滞納処分の例により処分
することができる（法231の3）。また，詐欺その他不正の行為により，そ
の徴収を免れた者については，条例により，その徴収を免れた額の5倍に
相当する額以下の過料を科すことができるほか，その徴収に関しては5万
円以下の過料を科することができる（法228②，③）。なお，分担金等の徴
収に関する処分についての審査請求については，特例が認められている
（法229）。

77 寄附及び補助

自治法232の2

1 寄附及び補助の意義

一般に，寄附あるいは補助とは，地方公共団体が他の地方公共団体，私人等に対して，各種の行政上の目的のため，無償で，金銭その他の財産上の利益を交付し，又はこれを約することである。これは，予算執行たる支出行為の1つであり，その性格は民法上の贈与（民法549）に当たる（補助は公法上の契約とする説がある）。その形態としては，積極的に金銭その他を交付する場合が大部分を占めるが，消極的に特定の者に対して金銭の納付義務その他の負担を減額又は免除する場合もこれに含まれる。

地方公共団体が寄附あるいは補助をする場合としては，例えば災害見舞金等を支出するような場合のほか，特定の事業の振興，奨励又は援助等の目的で他の地方公共団体又は私人に対して補助金を支出することが少なくない。特に，地方公共団体のいわゆる給付行政が増大するにしたがって，補助金の種類及び額が大量化し，財政運営上も重要な問題の1つになっている。

2 寄附及び補助の根拠

地方公共団体は，その公益上必要がある場合においては，寄附又は補助をすることができる（法232の2）。すなわち，地方公共団体は，特に具体的な法令，条例等の根拠を要せず，予算措置だけによって補助金等を支出することができる。

寄附又は補助をし得るのは，「公益上必要がある場合」であるが，この判断は，予算議決権者である議会と行政執行者である長が行い，客観的な公益性の認定が必要である。これに関しては，営利会社に対する町村の補助は特別の事由がある場合のほか公益上の必要があるものとは認められないとする判例（昭6.12.26）等がある。

3 寄附及び補助の制限

地方公共団体は寄附又は補助をなし得るが，補助金等の支出は相手方にとっては非権力的な規制又は関与になる場合があること，地方公共団体に

とっては行政を乱し，財政運営の負担になる場合があること等の理由により，憲法及び法律により，一定の制限が設けられている。

①憲法による制限　公金その他の公の財産は，宗教上の組織若しくは団体の使用，便益若しくは維持のため，又は公の支配に属しない慈善，教育若しくは博愛の事業に対し，これを支出し，又はその利用に供してはならない（憲法89）。

この制限の第1は，政教分離の原則に基づき，特定宗教に対してはもとよりあらゆる宗教に対して，特恵的な公金の支出を禁止する趣旨である。

第2は，公の支配に属しない慈善，教育，博愛の事業に対しては，それらの事業の自主性を確保し，不当な公権力の干渉を防ぐこと及び公金の濫費を防ぐため，公金の支出が禁止されている。これについては，私立学校法に基づく学校法人，社会福祉法に基づく社会福祉法人等に対する補助金の支出が法律上認められているほか，社会情勢に即して弾力的に運用されている。

なお，この憲法上の制約は，特恵的な性質を有する公金の支出を禁止するものであって，必ずしも公益上の必要に基づく一般的な公金の支出まで禁ずる趣旨ではないと解されている。

②国等への寄附　地方公共団体から国，独立行政法人等に対して寄附金等を支出することについては地方公共団体の自主的な判断に委ねられているが，国と地方の財政規律を確保する観点から，各府省において極力抑制すべきこととされている。

③債務保証の制限　地方公共団体は，法人に対する政府の財政援助の制限に関する法律第3条の規定により，会社その他の法人の債務については，原則として，保証契約をすることが禁止されている。一般に債務保証とは，主たる債務を前提とし，その債務が履行されない場合に代って弁済する契約であり，補助の一種である。ただ，債務保証と実質的に似た内容を有する損失補償は，この法律の適用を受けず，したがって，行うことができるとするのが行政実例の立場である。

78 収入の手続及び方法

自治法231, 243の2

1 収入の意義

収入とは，地方公共団体が法令，条例等の規定又は契約その他の原因に基づき現金を収納する一連の行為のことであり，その範囲は，広く調定から会計管理者による現金の収納までを含む。このうち徴収事務とされる調定及び納入通知は，命令機関である長が行い，現金の収納は会計執行機関である会計管理者が行う。

なお，地方公共団体の収入の種類には，地方税，分担金等のように権力的な収入と財産収入，地方債等のように非権力的な私法上の収入があり，このほか地方交付税，譲与税，各種補助金，負担金等の国庫支出金等がある。これらは公法上の収入か私法上の収入かによって，その収納方法を異にするが，強制徴収することのできる収入が法定されたことに伴い，公法上の収入か私法上のそれかを区別する実益はあまりない。

2 収入の手続

地方公共団体の歳入を収入するときは，これを調定し，納入義務者に対して納入の通知をしなければならない（法231）。歳入の徴収は，一般に命令系統の行為といわれるが，これは，まず，歳入の調定から始められる。調定というのは，収入の原因となる権利の内容を調査して明確にし，具体的に所属年度，歳入科目，納入すべき金額，納入義務者等を決定する内部的意思決定のことである。

次に，納入の通知は，納入義務者に対し，その納入すべき金額，納期限，納入場所等を通知する対外的行為である。この書面が納入通知書であり，これには所属年度，歳入科目，納入すべき金額，納期限，納入場所及び納入の請求の事由を記載しなければならない（令154③）。

3 収納の方法

地方公共団体の歳入の収納は，現金収納によるのが原則であるが，納入者の利便を考慮して，次のような納入の方法が認められている。

①証紙による収入の方法 地方公共団体は，使用料又は手数料の徴

収については，条例の定めるところにより，証紙による収入の方法によることができる（法231の2①）。証紙による納付は，予め現金によって購入した証紙によって納付するものである。

②口座振替等による収入の方法　　口座振替とは，納入義務者が当該地方公共団体の指定金融機関，指定代理金融機関等に預金口座を設けている場合において，納入義務者の預金口座から地方公共団体の預金口座に振替えることにより，歳入を収納する方法である（法231の2③）。

③証券による収入の方法　　地方公共団体が指定金融機関等を設けている場合においては，政令で定める小切手等の証券をもって納付する方法が認められている（法231の2③）。また，指定金融機関等を置いていない市町村においては，納入義務者から証券の提供を受け，その証券の取立て及びその取り立てた金銭による納付の委託を受けることができる。

④クレジットカード等による納付　　決済手段を多様化し，住民の利便の向上を図るため，公金についてもクレジットカード等による納付ができる。

4　歳入の徴収又は収納の委託

地方公共団体は，原則として，公金の徴収若しくは収納又は支出の権限を私人に委任し，又は私人をして行わせてはならないが（法243），公金の徴収若しくは収納又は支出に関する事務（公金事務）を適切かつ確実に遂行することができる者として政令で定める者のうち地方公共団体の長が指定するものに公金事務を委託することができることとされた（法243の2）。これが指定公金事務取扱者である。

長が徴収を委託することができる歳入は法令で定められるが，公金の収納を委託できる歳入等は，指定公金事務取扱者が収納することによりその収入の確保及び住民の便益の増進に寄与すると長が認める広範なものを定めることができる（法243の2の5，令和6年4月施行）。

5　滞納処分

地方公共団体の歳入を納入義務者が納入期限までに納付しない場合，債務内容の実現の措置を講じなければならないが，分担金，加入金，過料又は法律で定める使用料その他の歳入については，地方税の滞納処分の例により強制徴収することができる（法231の3③）。その他のものは，私法上の手続によることになる。

㉗ 支出の手続及び方法

自治法232の3，232の4，232の5，232の6，243の2の6

1 支出の意義

　支出とは，地方公共団体の歳出予算を執行する行為のことである。その内容は，支出の原因となるべき契約の締結，その他私法上の債務を負担する行為，補助金の交付決定，給与その他の給付の決定等の支出負担行為とその支出負担行為に基づいて現金を支払う行為までを含んでいる。すなわち，支出とは，予算の一定額の使用の決定からその支払を完了するまでの一連の過程をいうが，このうち支出命令をするのは長の権限であり，長の命令を審査して現金の支払いをするのは，会計機関たる会計管理者の職務権限に属する。

　地方公共団体が支出しなければならない経費は，地方公共団体の事務を処理するために必要な経費，及び法令により地方公共団体の負担に属する経費である。なお，国と地方公共団体との間の経費の負担，財源措置等については，地方財政法に定めが置かれている（地財法9以下）。

2 支出の手続

　①支出負担行為　　　　地方公共団体の支出の原因となるべき契約その他の行為は，法令又は予算の定めるところに従い，これをしなければならない（法232の3）。これが，支出負担行為である。

　支出の原因となるべき各種契約の締結，補助金の交付決定その他の支出負担行為は，予算執行であるから，当然，予算の範囲内で行われなければならないが，その内容，手続が予算及び法令に適合するものでなければならない。これが，予算執行すなわち支出の第1段階である。

　②支出命令　　　　支出命令は，地方公共団体の長が，支出負担行為に基づいて現実に公金を支出する必要が生じたときに，会計管理者に対して支出を命令することである（法232の4①）。地方公共団体の出納事務は会計管理者の職務権限に属するが，これはあくまでも長の予算執行権に基づく支出命令があって，初めて行われるのである。

　支出命令は，契約その他の支出負担行為の履行の確認があった後に行わ

れるが，支出負担行為が会計年度末の3月31日までに行われている限り，支出命令は出納整理期間中の5月31日までは発することができる。

　③**支出命令審査権**　　会計管理者は，長の支出命令を受けた場合においても，その支出負担行為が法令又は予算に違反していないこと及びその支出負担行為に係る債務が確定していることを確認したうえでなければ，支出をすることができない（法232の4②）。会計管理者のこの権限は支出命令審査権とよばれる。これは，適法に支出義務が発生していることを確認することで，通常は書類による審査であるが，必要があれば実地調査することもできる。この確認ができないときは，会計管理者は支出を拒否しなければならない。

3　支出の方法

　①**小切手の振出し及び公金振替書の交付**　　地方公共団体の支出の方法は，指定金融機関を置いている場合においては，原則として，当該金融機関を支払人とする小切手を振り出す方法による。ただし，小口の支払いにあっては現金により，地方公共団体内部の公金の移動にあっては公金振替書により，支払うことが認められている（法232の6①）。小切手を原則としたのは，現金による支出事務の煩雑さと危険を避け，現実の経済事情に即応した支払い方法をとるためである。

　②**例外的な支出の方法**　　支出は，債務金額が確定し，支払期限が到来したとき，正当な債権者に対してのみ行われるべきものであるが，例外的にこのような要件が備わらない場合に支出する方法が認められている。資金前渡，概算払，前金払，繰替払，隔地払，口座振替の方法がこれである（法232の5②）。

4　支出事務の私人への委任

　公金の支出事務は，地方公共団体自体が行うのが原則であるが，指定公金事務取扱者に委託することができる場合がある（法243の2，243の2の6，令和6年4月施行）。

80 決　　算

自治法96①Ⅲ，233

1　決算の意義

　決算とは，一会計年度における歳入歳出予算の執行の実績を表示する計算のことである。予算が一会計年度の収入及び支出の見積りないし予定であるのに対し，決算は，予算が執行された後において，歳入予算に比べて実際の収納はどのような実績を示したか，歳出予算は不当又は違法がなく予算の目的どおり執行され，その効果を挙げ得たか等を調査し，その適否を判定するとともに将来の財政計画の参考とすべきものである。このように，決算は，確定した収入及び支出の結果を示すもの，言い換えれば地方公共団体の事務執行の実績を明らかにするものであり，予算に対応するものといえる。したがって，予算が基本的な地方公共団体の団体意思として議会の議決によって成立している以上，当然に，決算も議会の議決の対象とされる。

2　決算の調製等

　決算は，会計管理者が作成する。すなわち，会計管理者は，毎会計年度，各会計ごとに決算を調製し，出納閉鎖後3ヵ月以内に，歳入歳出決算事項別明細書，実質収支に関する調書及び財産に関する調書と併せて，長に提出しなければならない（法233①，令166）。地方公共団体の会計年度は3月31日に終了するが，その後2ヵ月間の出納整理期間が設けられているので，出納は5月31日に閉鎖され（法235の5），この日をもって収支が確定し，8月31日までに決算が調製されるのである。

　次に，長は決算及び関係書類を監査委員の審査に付さなければならない（法233②）。この監査委員の行う決算審査は，主として，収支が適法に行われたか，計算に間違いはないか等の観点からなされるものである。

　なお，公営企業の決算は，公営企業管理者が毎事業年度終了後2ヵ月以内に調製し，証書類，事業報告書等と併せて長に提出しなければならない（公企法30①）。長は，これを監査委員の審査に付し，さらに議会の認定に付することになる。

財　務　*161*

3　決算の認定

　①**意義**　　　　長は，監査委員の審査に付した決算を監査委員の意見を付けて次の通常予算を議する会議までに議会の認定に付さなければならない。この場合，長は，主要な施策の成果を説明する書類等を併せて提出することとされている（法233③，⑤）。

　決算を議会の認定に付すること（法96①Ⅲ）とされているのは，議会の予算議決権と対応して，議会にその執行の実績を示して，審査，批判をうけ，長の事務執行の公正を確保するとともに将来の財政運営に資することを目的とするものである。

　②**決算認定の性格**　　　決算は，すでに執行された結果を計数で表示したものであるから，議会の決算の認定は，新しく団体意思を形成するものではなく，執行機関の予算執行が適正に行われたかどうかを審査し，確認することである。すなわち，地方公共団体の決算は，会計管理者の調製によって確定し，議会の認定はこれを確認するにすぎないと解される。

　議会の決算認定の効果は，執行機関の予算執行に関する政治的，道義的責任を解除するものである。しかし，それは執行機関の法的責任を解除するものではないので，議会が決算を認定した後，決算の支出の中に違法なものが判明したような場合においては，その損害賠償を請求する等事務執行上の法的責任を追及することができる。なお，公営企業の決算については，利益処分の議決によって確定すると解される（公企法32②）。

　③**決算の不認定**　　　議会は，決算審査の過程において，違法又は不当な予算執行があると認めるときは，決算を認定しないことができる。この場合においても，決算の不認定そのものは法的効果を生じないので，長の政治的，道義的責任の問題は別として，すでに執行された行為の効力が法律上影響を受けることはない。

　なお，決算の認定が議会で否決された場合，その議決を踏まえて必要な措置を講じたときはその内容を議会に報告し，公表しなければならない（法233⑦）。

4　決算の公表

　長は，議会の認定に付した決算の要領を住民に公表しなければならない（法233⑥）。

81 契約締結の方法

自治法234

1 契約に関する規制

　地方公共団体の締結する私法上の契約は，地方公共団体が私人と同じ立場において締結するものであるから，原則として契約自由の原則が適用されるが，契約事務の公正を確保するとともに公金の効率的利用を図るため，地方自治法上特別の規制がなされている。しかし，地方自治法中の契約に関する規定は，契約事務を担当する職員の職務上の義務を定めたものであるから，これに違反した契約の締結も，内部的な担当職員の職務義務違反の問題は別として，対外的にその契約が直ちに無効となるものではない。

2 契約締結の方法

　地方公共団体の行う売買，貸借，請負その他の契約は，原則として，一般競争入札の方法によるものとされ，政令で定める場合には，指名競争入札，随意契約又はせり売りの方法によることができるとされている（法234①，②）。これは，地方公共団体の契約事務の執行はまず公正を旨とすべきであり，このためには一般競争入札が最も基本となることを示すとともに，それぞれの契約締結方法の長所及び短所を考慮して適宜使用しうる方途を講じているのである。それぞれの契約締結の方法の概要は，次のとおりである。

　①一般競争入札　　　一般競争入札は，契約に関する公告をして，不特定多数人の参加を求め，地方公共団体に最も有利な価格で申込みをした者と契約を締結する方法である。

　この方法は，広くだれでも入札に参加することができ，契約手続も公開して行われるので，契約の機会均等及び公正性という点ですぐれているが，反面，不誠実な者の参加によって公正な競争が妨げられたり，確実な契約の履行が保障されないという問題があり，また，手続が煩さで多額の費用と時間を要するという短所がある。

　一般競争入札においては，入札に参加した者のうち，原則として地方公共団体にとって最も有利な価格をもって入札した者を落札者として，契約

の相手方とする（法234③）。ただし，これには，次の例外がある。

まず，工事又は製造の請負の契約について，予定価格の制限の範囲内で最低の価格で申込みをした者のその価格では，契約内容の履行がされないおそれがあり又は公正な取引の秩序を乱すおそれがあって著しく不適当であると認めるときは，その者を落札者とせず，次順位者を落札者とすることができる（令167の10①）。

第2は，いわゆる最低制限価格制度であり，工事又は製造の請負の契約について予め契約内容の履行を確保するため最低制限価格を設け，これ以上の価格で申込みをした者のうち最低の価格をもって申込みをした者を落札者とすることができる（令167の10②）。

②**指名競争入札**　　指名競争入札は，資力，信用等について適当と認める特定多数の入札参加者を選び，入札の方法で競争させ，相手方を決定する方法である。一般競争入札に比して手続が簡便であり，また不誠実な入札参加者等を排除できる長所を有するが，一部の者に固定しがちで指名をめぐり不正事件が起りやすい短所がある。

指名競争入札ができるのは，契約の性質又は目的が一般競争入札に適しない場合，入札参加者が少数である場合及び一般競争入札に付することが不利な場合である（令167）。

③**随意契約**　　随意契約とは，競争の方法によらず，任意に特定の相手を選んで契約を締結する方法である。手続が簡単で，しかも信用できる相手方を選ぶことができるが，情実に左右され，公正性の点で問題になりやすい欠点がある。

随意契約によることができるのは，契約の種類に応じ施行令で定める額の範囲内において地方公共団体の規則で定める額を超えない契約をする場合，契約の性質又は目的が競争入札に適しない場合，緊急の必要のある場合等であるが，特に障害者や高齢者の就労促進等の観点から，障害者支援施設，シルバー人材センター等一定の者との間で随意契約を結ぶことが認められている（令167の2）。

④**せり売り**　　せり売りは，いわゆる競売の方法であり，買受者が口頭で価格の競争をするものである。これは，動産の売払いについてのみ認められる（令167の3）。

82 現金の保管

自治法235の4

1 現金の保管の意義

　地方公共団体の所有に属する現金は，もとより，地方公共団体の最も重要な財産であるが，地方自治法上の財産の範囲（法237①）からは除かれ，一般の財産とは別に管理されることとされている。また，地方公共団体は事務執行の過程において，自己の所有に属さない現金を保管する場合が少なくないが，この場合も，その保管等に関しては特別の定めがある。

　地方自治法上，現金の出納及び保管は会計管理者の職務権限に属する（法170②Ⅰ）が，地方公共団体の管理する現金は，その性格によって，歳計現金，歳入歳出外現金，一時借入金及び基金に属する現金に分類されて，その取扱いが定められている。ただし，基金に属する現金の出納及び保管は，歳計現金の例によることとされている（法241⑦）。

2 歳計現金の保管

　①意義　　歳計現金といわれるのは，地方公共団体の歳入歳出に属する現金のことである（法235の4①）。すなわち，一会計年度において，地方公共団体が収入又は支出する一切の歳入及び歳出を指し，歳計現金であるか否かは，歳入歳出となるか否かによって決定される。また，歳計現金は，必ず地方公共団体の所有に属するものである。

　②歳計現金の保管　　歳計現金の出納及び保管は，会計管理者の職務権限であるが，それは，最も確実かつ有利な方法によって保管しなければならない（法235の4①）。最も確実かつ有利な方法とは，通常は指定金融機関その他の確実な金融機関への預金であり，支払準備金に支障のない限り適時適正に預金による運用の利益を図ることである。

　歳計現金は，やがて歳出として支出されるべきものであるから，いつでも支払いの資金需要に応じうることが必要であるし，財産価値を危くするような保管の方法は避け，安全な方法で行わなければならない。したがって，余裕のある場合に定期預金をする等はもとよりさしつかえないが，有利であるからといって不動産，株式等の形態で保管することは許されない。

これらは，安全性，確実性に問題があるだけでなく現金の保管というよりも財産の購入等の性格を有することになり，その意味でも出納長又は収入役の権限をこえるものである。

　なお，中小企業，農林水産業等に対する施策として，金融の円滑を図る目的をもって，金融機関に現金の預託をする場合が少なくないが，これは特定の政策目的を実現するための手段であり，会計管理者の権限としての現金の保管とはその性質を異にするものであるから，歳入歳出予算に貸付金として計上して支出しなければならない。

3　歳入歳出外現金

　①意義　　　　歳入歳出外現金とは，債権の担保として徴収するもの，例えば指定金融機関の提供する担保（令168の2③）等のほか，地方公共団体の所有に属しない現金で，法令の規定によって地方公共団体が保管する現金のことである（法235の4②）。歳入歳出外現金は，歳入歳出予算に計上されない点において，歳計現金と異なる。

　歳入歳出外現金は，最終的には地方公共団体の所有に属しない，いわば預り金的な性格のものであるから，このようなものを無制限に保管するときは，事務量が増大するのみならず現金保管の権限及び責任が不明確となるおそれがある。したがって，歳入歳出外現金は，法令に根拠のある場合に限って，その保管を認めることとされている。この例としては，地方公共団体が債権者として債務者に属する権利を代位して行うことにより受領すべき現金（令168の7①）のほか，災害見舞金，入札保証金，契約保証金，公営住宅敷金，恩給納付金，共済掛金，職員の給与に係る源泉徴収所得税等多数のものがある。これら以外のものは，法律上，地方公共団体が保管することのできない現金となる。

　②歳入歳出外現金の保管　　　　歳入歳出外現金の出納は長の通知がなければすることができないとされるほか，歳入歳出外現金の出納及び保管は歳計現金の出納及び保管の例により行われる（令168の7②，③）。なお，歳入歳出外現金には，法令又は契約に特別の定めがあるものを除くほか，利子を付さない（法235の4③）。

㊙ 財産の意義及び種類

自治法237，238

1 地方自治法上の財産

地方自治法上，財産とは，公有財産，物品及び債権並びに基金のことである（法237①）。

地方公共団体の財産としては，広義においては，現金のほか，不動産，動産，物権，無体財産権，有価証券，金銭の給付を目的とする債権等があるが，地方公共団体の財産の適正かつ効率的な管理を確保するために，まず，管理の対象となる財産の範囲及び分類を定めたのである。これによって，およそ財産権の対象となるもので地方公共団体に属するものは，広く財産の範囲に含まれることになるが，若干の例外が定められている。すなわち，歳計現金については，財産の範囲から除かれ，別途その出納保管に関する規定に基づき管理されることとされ（法235，235の4），また，借地権，借家権，電話加入権等も，それがたとえ財産権の対象となるものであっても，地方自治法上の財産とはされない。他方，地方公共団体に属しない動産であっても，地方公共団体が使用のために保管するものは，原則として物品の取扱いがされるので，財産の範囲に含まれることになる。

地方自治法においては，財産に関して種々の定めが設けられているが，それらは地方自治法上の財産のみを対象とするものであり，それ以外については適用されないのが原則である。

2 財産の種類

①公有財産 ア 範囲 公有財産とは，地方公共団体の所有に属する財産のうち，法律で定める次のものであり（法238），この範囲を拡げ又は縮小することはできない。

a 不動産

b 船舶，浮標，浮桟橋，浮ドック等

c 上記の不動産及び動産の従物

d 地上権，地役権，鉱業権その他

e 特許権，著作権，商標権その他

f　株式，社債，地方債及び国債その他

g　出資による権利

h　財産の信託の受益権

イ　種類　公有財産は，行政財産と普通財産とに分類される。行政財産とは，地方公共団体において公用又は公共用に供し，又は供することと決定した財産をいい，普通財産とは，行政財産以外の一切の公有財産をいう（法238③，④）。公用に供する財産（公用財産）とは，地方公共団体がその事務又は事業を執行するために直接使用することを目的とする財産で，庁舎，議事堂等がこれに該当する。公共用に供する財産（公共用財産）とは，住民の一般的な利用に供することを目的とする財産で，学校，病院，公園その他の公の施設の物的構成要素となる場合が多い。公用又は公共用に供することを決定した財産とは，例えば学校建設用地，道路予定地のようないわゆる予定公物のことである。

　普通財産は，直接特定の行政目的に使用されるものではなく，地方公共団体が一般私人と同じ立場で保有し，その管理処分から生じた収益をもって地方公共団体の財源に充てることを主たる目的とする財産である。行政財産と普通財産とは，その形態，性格が異なるので，管理及び処分に関し異なる取扱いが定められている。

　②**物品**　　　物品とは，地方公共団体の所有に属する動産及び地方公共団体が使用のために保管する動産で，現金，公有財産に属するもの及び基金に属するもの以外のものである（法239①）。物品は，一般には，その用途等によって，備品，消耗品，動物に分類されることが多い。

　③**債権**　　　債権とは，金銭の給付を目的とする地方公共団体の権利のことである（法240①）。債権には，地方税，分担金等の公法上の収入金に係る債権と物件の売払代金，貸付料等の私法上の収入金に係る債権とがある。その管理については，地方自治法，地方税法その他の法律により定められている。

　④**基金**　　　基金とは，地方公共団体が条例の定めるところにより，特定の目的のために財産を維持し，資金を積み立て，又は定額の資金を運用するものである（法241①）。

84 公有財産の管理及び処分

自治法237, 238の4, 238の5

1 財産の管理，処分の原則

　地方公共団体の財産は，条例又は議会の議決による場合でなければ，これを交換し，出資の目的とし，若しくは支払手段として使用し，又は適正な対価なくしてこれを譲渡し，若しくは貸し付けてはならない（法237②，96①Ⅵ）。

　財産を交換し，出資の目的とし，又は支払手段として使用することを原則として禁止したのは，財政制度上の基本原則である総計予算主義の原則をできるだけ堅持し，これらの行為による歳入歳出の混同，財政のびん乱を防ぐためである。しかし，一方，財産を交換し，出資の目的とする等が行政運営上必要な場合もあるので，このような場合は，条例又は議会の議決により行いうることとしたのである。

　財産を適正な対価なく譲渡し，又は貸し付けることを原則として禁止しているのは，もちろん，それらの行為により地方公共団体が損失をこうむることを防ぎ，財政の健全な運営を確保するためである。

2 行政財産の管理及び処分

　行政財産は，地方公共団体が公用又は公共用に供し，又は供することを決定した財産であり（法238④），地方公共団体の行政執行の物的手段として行政目的の達成のために使用されるものである。したがって，行政財産は本来，地方公共団体が自ら使用すべきものであり，原則として，これを貸し付け，交換し，売り払い，譲与し，出資の目的とし，若しくは信託し，又はこれに私権を設定することができない（法238の4①）。

　しかし，行政財産についても，行政財産としての性格を踏まえながら有効活用するとともに，その本来の用途又は目的以外に使用させることが必要な場合があるので，一定の場合に行政財産を使用させることが認められている。その第1は，行政財産である土地を，その用途又は目的を妨げない限度において，国，他の地方公共団体等に一定の用途に供させるため貸し付け，又は地上権を設定することである（法238の4②，令169，169の2）。

また，行政財産である庁舎等に余裕がある場合，その部分を貸し付けることもできる。これらの場合，その貸付期間中に公用又は公共用に供するため必要が生じたときは，その契約を解除することができる。これによって損失が生じたときは，補償することが必要である（法238の5④，⑤）。

第2は，行政財産を，その用途又は目的を妨げない限度において，使用を許可することである（法238の4⑦）。これは，いわゆる行政財産の目的外使用といわれるものであり，例えば庁舎内に売店を設置させるような場合がこれに当たる。この場合には，公法上の許可処分によって行政財産を使用させるが，これは，行政財産の性質上，当該財産を公用又は公共用に供する必要が生じたときは，いつでも速やかにその使用関係を消滅させるためである。したがって，行政財産の使用許可は，公用又は公共用に供する必要が生じたときは，その許可を取り消すことができる（法238の4⑨）。この場合，使用者に損失を生じたときは，その補償をしなければならないと解されている。

なお，行政財産の使用に関する処分については，地方自治法上，審査請求の特例が定められている（法238の7）。

3　普通財産の管理及び処分

普通財産は，行政財産とは異なり，地方公共団体が直接その行政執行の用に供するものではなく，私人と同じ立場で，主として財産の経済的価値を保全発揮させる目的で所有するものであるから，原則として，一般私法の適用の下に管理及び処分が行われる（法238の5）。ただし，交換し，出資の目的とし，若しくは支払手段として使用し，又は適正な対価なくしてこれを譲渡し，若しくは貸し付けるには，条例又は議会の議決を要する（法96①Ⅵ，237②）。土地（その定着物を含む。）を信託する場合も議会の議決が必要である（法237③）。

また，普通財産を貸し付けた場合において，その貸付期間中に国，地方公共団体その他公共団体において公用又は公共用に供するため必要を生じたときは，長はその契約を解除することができる。この場合，借受人はこれによって生じた損失の補償を求めることができる（法238の5④，⑤）。

85 債権の管理

自治法240

1 債権管理の意義

　地方自治法上，地方公共団体の財産たる債権とは，金銭の給付を目的とする地方公共団体の権利のことであり（法240①），地方税，分担金等の公法上の収入金に係る債権及び物件の売払代金，貸付料等の私法上の収入金に係る債権の一切を含む。これらの債権は，現金，有価証券，公有財産及び物品等と並んで，地方公共団体の財産の重要な部分を占めるものであるが，一般に，債権は物権のように排他性，絶対性がないために，債務者の資産内容が悪化した場合には徴収不能に陥る危険性がある。したがって，債権の確実な履行を確保するためには，債務者の信用状況その他一般的業務状況に常時注意を払うとともに，債権を危うくするような特別の事情が発生したときは，それに即して債権保全のための措置をとる必要がある。

　しかし，債権の取立てを余りに厳格に行うときは，いわゆる費用倒れの結果を招く等かえって能率的，合理的な債権管理を阻害することがあるので，事情に応じて，債権の徴収停止，履行期限の延長等をするのが適当な場合がある。

　なお，債権のなかには，他の法律に特別の定めのあるもの，他の規定によって管理すべきもの，債権として管理するのが適当でないもの等があるので，これらについては，地方自治法の債権管理の規定は適用を除外されている。この例としては，地方税法の規定に基づく徴収金に係る債権，過料に係る債権，証券に化体されている債権等がある。

2 債権管理の手続

　地方公共団体の長は，財産管理者として，債権について，保全，取立て，徴収停止等の措置をとるが，その方法は強制徴収しうる債権（法231の3③）とそれ以外とでは異なっている。そして，前者については地方税の滞納処分の例により処分することができるので，地方自治法上の債権管理は主として後者について定めている。

　①債権の保全及び取立て　　ア　督促　長は，債権について，履行期

限までに履行しない者があるときは，期限を指定して督促しなければならない（令171，法231の3）。

イ　強制執行等　強制徴収により徴収する債権（法231の3③）以外の債権につき，督促後相当の期間を経過してもなお履行されないときは，担保の付されている債権についてはその担保の処分等の手続をとり，債務名義のある債権については強制執行の手続をとり，担保も債務名義もない債権については訴訟手続により履行を請求しなければならない（令171の2）。

ウ　履行期限の繰上げ　長は，債権について履行期限を繰り上げることができる理由が生じたときは，遅滞なく，債務者に対し，履行期限を繰り上げる旨の通知をしなければならない（令171の3）。

エ　債権の申出等　長は，債務者が強制執行又は破産手続の開始の決定を受けたこと等を知った場合において，法令の規定により配当の要求その他債権の申出をすることができるときは，直ちにその措置をとらなければならないほか，債権の保全のため必要があると認めるときは，債務者に対し担保の提供を求め，又は仮差押え若しくは仮処分の手続をとる等必要な措置をとらなければならない（令171の4）。

②徴収停止，履行期限の延長等　　ア　徴収停止　強制徴収により徴収する債権以外の債権で履行期限後相当の期間を経過してもなお完全に履行されていないものについて，債権金額が少額で取立てに要する費用に満たない等一定の事由に該当し，これを履行させることが著しく困難又は不適当であると認めるときは，以後その保全及び取立てをしないことができる（令171の5）。

イ　履行延期の特約等　強制徴収により徴収する債権以外の債権について，債務者が無資力である等一定の事由に該当するときは，その履行期限を延長する特約又は処分をすることができ，この場合，債権金額を分割して履行期限を定めることもできる（令171の6）。

ウ　免除　債務者が無資力又はこれに近い状態にあるため履行延期の特約又は処分をした債権について，当初の履行期限から10年を経過した後においてもなお債務者が無資力で弁済する見込みがないときは，議会の議決を要することなく，当該債権及びこれに係る損害賠償金等を免除することができる（令171の7）。

86 基　　金

自治法241

1　基金の意義

　地方公共団体は，条例の定めるところにより，特定の目的のために財産を維持し，資金を積み立て，又は定額の資金を運用するための基金を設けることができる（法241①）。

　基金というのは，一般には，多かれ少なかれ普通の会計とは独立した別個の会計によって処理される継続的な資金のことであるが，地方自治法上の基金は，その性質によって分類すれば，①特定の目的のために財産を維持し，資金を積み立てるために設置される基金，及び②特定の目的のために定額の資金を運用するために設置される基金の２種類に大別することができる。前者は，特定財源を確保するためのものであり，例えば学校建設資金を調達するための基金，地方財政法に基づく財源調整のための基金等がある。この基金は，その設置目的のためには元本の一部又は全部を処分して使用することができる（法241③）。これに対して，後者は，特定の事業を能率的に執行するための手段として設けられるものである。すなわち，一定額の原資金を運用，回転させることによって，特定事業を円滑に運営するためのものであって，例えば物品の集中購買，土地の先行取得，中小企業への資金の貸付け等のための基金がある。この基金においては，原資金によって物品，土地等が購入されるが，その売払代金は再び基金に回収され，あらたな物品，土地等の購入，売払いの資金として回転運用され，この過程が繰り返されることになる。この基金は，その設置に当たって予算執行の方法をとるが，一たん設置された後は，その原資金の運用については，予算とは全く無関係に経理されるところに大きな特徴がある。したがって，歳入歳出予算を通すことなく，物品，土地等の購入，売払いあるいは資金の貸し付けが可能となり，資金の効率的運用と手続の簡素化を図ることができるのである。

2　基金の設置及び管理

　①**基金の設置**　　　　基金は，条例によって設置される。基金の設置は，

地方公共団体の任意であるが，災害救助法に基づく災害救助基金，地方財政法に基づく財源調整基金のように義務的なものもある。基金は，条例の制定によって，一応設置されるが，予算の定めるところにより一般会計等から資金が繰り入れられて初めて，基金としての活動能力が与えられる。

②**基金の管理**　　　基金は，その設置目的に応じ，確実かつ効率的に運用しなければならないが（法241②），その目的の範囲内であれば，管理行為の一環として資金の運用ができる。物品，土地の購入等や資金の貸し付け，回収等がこれであり，これらの行為は予算とは独立に執行される。このように，資金を運用する基金については予算，決算ということはないが，特に毎年度基金の運用の状況を監査委員の審査に付し，その意見を付けて議会に提出することとされている（法241⑤）。

　一方，資金の積み立てを目的とする基金は，通常，現金，有価証券等の形で管理，保管される。

　なお，基金の運用から生じる収益及び基金の管理に要する経費は，それぞれ毎会計年度の歳入歳出予算に計上しなければならないが（法241④），これは予算総計主義の原則を示すものであるとともに，管理費によって基金の額が減少するのを防ぐ趣旨である。

③**基金の処分**　　　財産を維持し，資金を積み立てるための基金は，その利益だけでなく，元本の一部又は全部を処分して，基金の設置目的のために使用することができるが，この場合には，その処分による収入及びそれを財源とする経費のすべてを歳入歳出予算に計上しなければならない。

④**管理及び処分の手続**　　　基金の管理は，地方公共団体の長の権限に属するが，その方法は，基金に属する財産の種類すなわち現金，公有財産，物品，債権の別に応じて，それぞれの管理，処分の例による（法241⑦）。例えば，基金に属する現金については，収支の命令は長が行い，その出納保管は会計管理者が担当するのである。

174

87 住民監査請求及び住民訴訟

自治法242，242の2，242の3，243の2の7

1 意 義

　住民監査請求及び住民訴訟は，地方公共団体の職員による違法不当な財務会計上の行為によって住民として損失を被ることを防止するために，住民全体の利益を確保する見地から，職員の違法不当な行為等の予防，是正を図ることを目的とする制度である。

　この制度は，まず，住民の直接参政権の1つとして，住民に対して，地方公共団体の職員の違法不当な行為についての監査を求め，その防止，是正さらに損害の補填のために必要な措置を講ずべきことを請求することを認め，次に，住民監査請求をした住民が，監査の結果又は措置について不服があるときは，裁判所に対して当該行為の差止め，取消し，損害賠償等の請求をすることができ，住民の請求の実効性の確保が図られている。

2 住民監査請求

　①**請求権者，請求対象等**　　　　地方公共団体の住民は，当該地方公共団体の長その他の執行機関又は職員について，違法若しくは不当な公金の支出，財産の取得，管理，処分，契約の締結，履行若しくは債務その他の義務の負担がある（当該行為がなされることが相当の確実さをもって予測される場合を含む。）と認めるとき，又は違法若しくは不当に公金の賦課，徴収若しくは財産の管理を怠る事実があると認めるときはこれらを証する書面を添え，監査委員に対し，当該行為等を防止し，若しくは是正し，又は当該行為等によって当該地方公共団体のこうむった損害を補填するために必要な措置を講ずべきことを請求することができる（法242①）。

　請求をなしうるのは，住民である限り，国籍，選挙権，納税の有無を問わず，法律上の行為能力を有する限り，自然人たると法人たるを問わない。また，住民が単独で請求しうるところに大きな特徴がある。

　請求の対象となる行為及び事実は，事務事業の全般にわたるものではなく，違法又は不当な財務会計上の行為等に限られているが，作為だけでなく一定の不作為も含む。

②**請求の手続**　　　住民監査請求は，監査委員に対して行う。監査委員は，請求を受理したときは60日以内に，監査を行い，必要があれば議会，長等に措置をとるべきことを勧告し，その結果を請求人に通知するとともに，これを公表しなければならない（法242⑤，⑥）。

監査委員の勧告を受けた議会，長等は，必要な措置を講ずるとともに，その旨を監査委員に通知しなければならない。

なお，住民監査請求は，正当な理由がない限り，当該行為のあった日から1年を経過したときは，行うことができない（法242②）。

3　住民訴訟

住民が監査請求をした場合において，監査の結果若しくは勧告若しくは議会，長等の措置に不服があるとき，又は監査委員が60日以内に監査及び勧告を行わないとき，若しくは議会，長等が措置を講じないような場合，当該住民は，裁判所に対して，違法な行為又は怠る事実につき，行為の差止め，取消し，損害賠償等の請求をすることができる（法242の2①）。

この訴訟は，住民が地方公共団体に対して首長や職員に損害賠償等の請求を求める裁判を起こし，住民が勝訴した場合，判決に従って地方公共団体が首長や職員に損害賠償等を求めることになる（法242の2①，242の3）。

住民訴訟は，あくまで住民監査請求を前提として提起し得ること，住民監査請求とは異なり違法な行為又は事実だけが対象となることが特徴であるが，訴訟の手続は行政事件訴訟法の規定による（法242の2⑪）。

4　損害賠償の請求権の放棄等

地方公共団体の議会は住民監査請求によって生じた損害賠償等の請求権を放棄しようとするときは，監査委員の意見を聴かなければならない（法242⑩）。

また，条例で長等の損害賠償責任を職務遂行が善意かつ重大な過失がないときは一部免責することができることとされた（法243の2の7）。

❽❽ 職員の賠償責任

自治法243の2の8

1 職員の賠償責任の意義

　地方公共団体の財務会計事務の執行にあたる職員が，その職務の執行にあたって，当該地方公共団体に損害を与えたときは，一般私法上の責任たる債務不履行又は不法行為の責任によらず，一定の要件のもとに，地方自治法上の特別の責任を負うこととされている。これは，地方公共団体の公務員の勤務関係が私法上の雇傭関係とは異なり，法律，条例に基づく特別の勤務関係であることから，一方においては，地方公共団体の利益を保護し，損害の救済を容易にするとともに，他方では会計職員等の責任の軽減を図ることを目的とするものである。

　この職員の賠償責任は，その行為をした時に職員であれば足り，その後権限を失い又は退職していてもその責を免れない。

　なお，地方自治法上の特別の賠償責任を負うべき職員については，民法上の賠償責任を追及されることはないが（法243の2の8⑭），それ以外の職員については，当然，民法の規定によりその責任を負うことになる。

2 賠償責任の要件

　地方自治法第243条の2の8の規定による賠償責任の対象となる職員及びその行為は，会計職員に関するものと予算執行職員等に関するものに大別することができる。

　①会計職員等の賠償責任の要件　　会計管理者若しくはその事務を補助する職員，資金前渡を受けた職員，占有動産を保管している職員又は物品を使用している職員が，故意又は重大な過失（現金については，故意又は過失）により，その保管に係る現金，有価証券，物品，占有動産又はその使用に係る物品を亡失し，又は損傷したときは，これによって生じた損害を賠償しなければならない（法243の2の8①前段）。これらの会計職員等は，現金及び物品の出納保管の任にあたるものであり，また，物品を使用中の職員はその物品の管理について責任を有するので，それぞれ保管又は管理の責任を有する現金，物品を亡失又は損傷したとき，その損害を賠

償しなければならないのである。なお，この場合，物品については，故意又は重大な過失が要件とされ，民法上の不法行為の要件よりも緩和されているが，これは物品の価値あるいは性質からみて，軽過失についてまで責任を課すのが適当ではないからである。

この賠償責任の例としては，現金の保管に当たる職員がその現金を紛失した場合，盗まれた場合，さらに横領した場合，使用中の計算機等を損傷した場合，運転中の自動車を破損した場合等がある。

②**予算執行職員等の賠償責任の要件**　　　支出負担行為，支出命令又は支出負担行為に関する確認，支出又は支払，監督又は検査をする権限を有する職員又はそれを直接補助する職員で地方公共団体の規則で指定した者が，故意又は重大な過失により，法令の規定に違反して当該行為をしたこと又は怠ったことにより，地方公共団体に損害を与えたときは，これによって生じた損害を賠償しなければならない（法243の2の8①後段）。

なお，いずれの場合も，損害が2人以上の職員の行為によるものであるときは，それぞれの職員がその職分と損害発生の原因となった程度に応じて賠償責任を負う（法243の2の8②）。

3　賠償命令等の手続

地方公共団体の長は，会計職員，予算執行職員等が法の定める行為によって地方公共団体に損害を与えたと認めるときは，監査委員に対し，その事実があるかどうかを監査し，賠償責任の有無及び賠償額を決定することを求め，その決定に基づき，期限を定めて賠償を命じなければならない（法243の2の8③）。すなわち，長は，行政処分として，職員に対して賠償を命じるのである。

賠償を命ずる額は，地方公共団体の受けた財産上の一切の損害額であり，これは損害発生の時を基準とする価額による。なお，長は，当該職員からなされた当該損害が避けることのできない事故その他やむを得ない事情によるものであることの証明を相当と認めるときは，議会の同意を得て，賠償責任の全部又は一部を免除することができる。この場合あらかじめ監査委員の意見を聴かなければならない（法243の2の8⑧）。

178

89 公の施設の意義

自治法244

1 公の施設の概念

　公の施設とは，「住民の福祉を増進する目的をもつてその利用に供するための施設」（法244①）であり，地方自治法に特有の概念である。

　従来，国又は地方公共団体等の行政主体が行政上の目的に供する人的手段及び物的施設の総合体は，物的施設を重視する場合には営造物，動的な企業活動に着目する場合には公企業という概念でとらえられていた。しかし，この概念は，本来学問上のものであり，一般にその内容を理解することが困難であるとともに，実定法上の概念も明確でない面があったため，昭和38年の地方自治法改正に当たり，新しく「公の施設」という概念が導入されたのである。

　公の施設というのは，このような経緯によって作られた概念であるが，その内容は，次のようなものである。

　第1に，公の施設とは，住民の利用に供するための施設である。たとえ行政上の目的のために設置された施設であっても，住民の利用に供することを目的としないものは，公の施設に当たらない。庁舎，純然たる試験研究機関等は，営造物ではあるが，公の施設ではない。

　第2に，公の施設とは，地方公共団体が，当該地方公共団体の住民の利用に供するために設ける施設である。したがって，主として他の地方公共団体の住民の利用に供する目的で設置される観光ホテル，物産陳列所等は，営造物ではあっても，公の施設には該当しない場合がある。

　第3に，公の施設とは，住民の福祉を増進する目的で住民の利用に供するための施設である。したがって，財政上の必要から設けられる競輪場，競馬場，社会公共の秩序の維持を図るため設けられる留置場等は，公の施設ではない。

　第4に，公の施設とは，地方公共団体の設置する施設である。それは，物的施設を中心とする概念であって，人的要素は必ずしも必要ではない。したがって，道路，墓地等のような物的施設のみからなる公の施設もあり

えるが，反面，全く人的手段のみからなり，物的施設を伴わない公の施設はありえない。

また，物的施設は必ずしも土地，建物に限られるものではなく，動産であっても公の施設になりうると解されている。例えば移動図書館，移動検診車，貸出し用トラクター等がこれに該当する。

第5に，公の施設とは，地方公共団体が設置するものである。公の施設の実態を備えるものであっても，国又は他の地方公共団体の設置するものは，公の施設ではない。なお，地方公共団体が公の施設を設けるにあたっては，必ずしも当該施設の所有権を有していることは必要ではなく，賃借権，使用貸借権等の権原を有していれば足りる。

公の施設の概念は，人的物的要素からなる営造物の概念に比べると，物的施設に重点がおかれ，動的な企業活動という公企業の概念に比べると，静的な施設の面が重視された概念ということができる。

2　公の施設に関する規制

公の施設は，学校，住宅，図書館，美術館，道路，公園等のように，地方公共団体の提供する役務の主要なものであり，地方公共団体の本来的な事務事業に属するものである。これらについては，各法令によって個別的に各種の規制がなされていることが多いが，一般的にそれらの公の施設は，住民生活に密接な関係を有するので，地方自治法上，公の施設の利用について原則的な定めが設けられているほか，その設置，管理，廃止等について条例で定めるべきこと等が定められている。

なお，地方公共団体の設置する施設は多種多様であり，しかも時代により，施設の種類，形式，利用形態，利用者の範囲等が変化するため，ある施設が公の施設であるかどうか判別するのが困難な場合がある。これは実際には，その設置及び管理について条例で定めるか，使用料を徴収しうるか等と関連して問題になることが多いが，一般的には，一般住民との間に直接利用関係を生じるかどうか，さらに地方自治法上の公の施設として設置管理する必要があるかどうか等を基準として，個々の具体例に即して判断するほかはない。

90 公の施設の設置管理及び指定管理者制度

自治法244の2，244の3

1 公の施設の設置

　地方公共団体は，法律又はこれに基づく政令に特別の定めがあるものを除くほか，公の施設の設置及びその管理に関する事項は，条例でこれを定めなければならない（法244の2①）。

　公の施設は，「住民の福祉を増進する目的をもつてその利用に供するための施設」であるから，公の施設が成立するためには，まず，公の施設としての機能を果たす実体的要素として，一定の施設が設けられるとともに，必要なときは，公の施設を構成する人的手段つまり職員を指定し，さらに公の施設として住民の利用に供する旨の地方公共団体の意思的行為を必要とする。この意思的行為すなわち公用開始行為として，一般的に，条例をもって定めなければならないのである。

　通常の手続としては，物的施設が完成した段階で，関係職員を任命し，公の施設として供用を開始することになる。公の施設の設置条例を制定する時期については，法律上特に制限はないが，現実に供用を開始しうる状態になったとき，あるいはその直前の時期に制定されることが多く，その条例の施行をもって，公用開始となる。

　公の施設の廃止は，法令に特別の定めのある場合を除き，公の施設の設置条例の廃止によって行われる。

2 公の施設の管理

　公の施設の管理に関しては，条例で定めなければならない（法244の2①）。条例で定める事項としては，利用の許可及びその取り消し，使用料の額及び徴収方法，使用料の減免，利用の制限等があり，必要があれば，さらに，過料の徴収に関する事項等がこれにあたる。これらは，本来，管理権の範囲に属する事項であるが，公の施設が地方公共団体の住民サービスの重要な部分を占めることにかんがみて，議会の議決事項とされているのである。

3 指定管理者制度

　①意義　　　　　地方公共団体は，公の施設の設置の目的を効果的に達成す

るため必要があると認めるときは，条例の定めるところにより，法人その他の団体であって当該地方公共団体が指定するものに公の施設の管理を行わせることができる（法244の2③）。これが指定管理者制度である。

　従来，公の施設の管理は公共団体や地方公共団体の出資法人等に限って委託することができるとされていたが，平成15年自治法改正により，広く株式会社，有限会社，NPO等民間事業者を活用する途を開き，いわば競争原理の導入により，住民サービスの向上と経営の効率化を図ることとしたものである。

　平成18年9月以降，この制度が全面的に適用されたので，地方公共団体は公の施設を自ら管理するか，民間企業，第3セクター等多様な事業者が参入できる指定管理者制度をとることになる。

　②指定管理者の業務　　指定管理者は，条例の定める範囲内で包括的に公の施設の管理を行うことができる。すなわち利用者からの料金を自らの収入として収受し（利用料金），条例の範囲内で自ら料金を設定し，個別の使用許可を行うこと等ができる。

　③指定の手続　　指定管理者の指定の手続，指定管理者が行う管理の基準及び業務の範囲等は条例で定めなければならない（法244の2④）。また，指定管理者を指定しようとするときは，議会の議決を要する（法244の2⑥）。

　指定管理者の選定については，一般的に公募等の方法があるが，具体的な公の施設の性格や目的に応じて，適正な方法をとることが重要である。

4　公の施設の区域外設置

　地方公共団体は，その地方公共団体の区域内において公の施設を設置するのが原則であるが，その区域外においても，関係地方公共団体との協議により，公の施設を設けることができる（法244の3①）。他の地方公共団体の区域において上下水道，病院，墓地等を設けるのがこれにあたる。しかし，住民のための保養施設を設ける場合のように，その所在地の住民との間に利用関係を生じないものは，協議を要しない。

　また，地方公共団体は，他の地方公共団体と協議して，他の団体の公の施設を自己の住民の利用に供させることができる（法244の3②）。

91 公の施設の利用関係

自治法244

1 利用関係の一般原則

公の施設の管理に関する事項は，法令に特別の定めのあるものを除き，条例で定めなければならない（法244の2①）。したがって，公の施設の利用関係は，法令若しくは条例の規定又はその規定に基づく行政処分等によって規律されるが，公の施設の利用が住民の権利及び生活に大きな関連を有することから，地方自治法は，公の施設の利用に関して，次のような一般的原則を定めている。

①利用拒否の禁止　地方公共団体は，正当な理由がない限り，住民が公の施設を利用することを拒んではならない（法244②）。これは，公の施設の管理権の行使について一定の制約を設けるものであるが，正当な理由があれば利用を拒否しうるのは当然である。一般に正当な理由と考えられるのは，利用者が予定人員を超える場合，他の利用者に著しい迷惑を及ぼすことの明白な場合等であり，特殊な場合として暴力団等の利用を拒否することも可能と解されている。

②差別的取扱いの禁止　地方公共団体は，住民が公の施設を利用することについて，不当な差別的取扱いをしてはならない（法244③）。

不当な差別的取扱いに該当するかどうかは，公の施設の設置目的，性質，利用形態等から具体的事例ごとに判断するほかはないが，一般に，利用者の人種，信条，性別，社会的身分等により，合理的な理由がなくして，利用の便宜を図ったり，使用料に差を設けたりするような場合が，これに該当する。

なお，正当理由に基づかない利用の拒否及び不当な差別的取扱いの禁止は，直接的には，当該地方公共団体の住民に対するものであるから，法的には，他の地方公共団体の住民に対して公の施設の利用を拒否し，又は差別的取扱いをすることは可能である。例えば，図書館，プール等の利用を当該地方公共団体の住民に限り，あるいは公立大学の入学について，当該地方公共団体の住民の優先入学を認め，入学金の額に差を設けるような例

が，これに該当する。

2 利用関係の法的性格

①利用関係の性格　公の施設の管理つまり利用者側からみた利用関係は，地方公共団体が公権力の主体として私人を特別の規律に服させる作用ではなく，施設の設置主体として，私人が事業を経営し又は財産を管理するのと同様の作用である。それは，国又は地方公共団体という公権力の主体に特有のものではなく，私人間にもみられる現象である。しかしながら，公の施設は地方公共団体が設置し，住民の利用に供する物的施設であるという公的性質を有するために，その行政上の目的を達成するために地方自治法その他の法令及び条例により種々の法的規制が加えられているのである。

②法的性格　公の施設の利用関係の法的性格については，これを公法関係とみるか私法関係とみるかについて見解が分れている。

公法関係説は，公の施設の設置及び管理が基本的に法令，条例等により公法的に規律されていることを理由として，公の施設の利用関係については，一般的に，私法上の契約関係の規定は適用されず，もっぱら公法上の規律に従うとするものである。

私法関係説は，公の施設の利用関係は，基本的には私法関係であるとしながら，法令又は条例の規定は，私法関係に対する公法的特則とみるものである。したがって，この見解によれば，実定法に特別の定めがあれば，その限りにおいて，公法的規律に服するが，明文の規定のない限り，私法の規定が適用されることになる。

この問題に関して，行政解釈は，公の施設については，法令，条例により各種の規制が加えられており，その使用料が公法上の収入とされ，さらに公の施設の利用に関する処分について審査請求ができる（法244の4）等から，公の施設の利用関係は公法関係であり，原則として私法の適用はないと解している。しかし，通説は公の施設の利用関係を公法上の非権力的な管理関係としてとらえ，実定法上，特別の定めのあるときは，この限りで公法上の特別の規律に服するが，別段の定めがない限り，私法の規定が適用されると解している。

(92) 国と地方公共団体の関係

1　基本的関係

地方自治は，国から独立の法人格を有する地方公共団体を設けて，その権限と責任において地方事務を処理せしめるものであるから，地方公共団体の自主性，自律性は最大限に尊重されるべきであり，これに対する国の関与はできるだけ排除されなければならない。しかし，地方公共団体の運営は広い意味での国家行政の一環をなすものであるから，地方公共団体が国の政策の影響やある程度の国の関与を受けるのは，当然のことである。

国と地方公共団体との基本的関係は，以上のように，上下あるいは主従の関係ではなく，明確な権限と責任の配分のもとに，相互に協力して国民の福祉の増進を図ることにあるが，その具体的関係は，社会的条件に応じて，地方自治法をはじめとする法規によって定められている。

2　国と地方の協議

地方自治に影響を及ぼす法律等については，全国知事会，議長会等全国的連合組織は内閣又は国会に意見を述べることができるが（法263の３②），地方分権の進展に伴い，平成23年「国と地方の協議の場に関する法律」が制定された。これにより，広く地方行財政等地方自治に影響を及ぼす国の政策について，関係大臣と地方自治体の代表者が協議することが制度化された。

3　国の地方公共団体に対する関与

地方公共団体の運営は，選挙，直接参政，内部監査，議会による監視等の方法によって，自主的に規律されることを原則としているが，地方公共団体の適正な運営を確保するため，一定の場合に国の関与が認められている。その方法は多種多様であるが，一般に，立法による関与，司法による関与及び行政による関与の３種に分類されることが多い。

①立法による関与　地方公共団体の組織及び運営に関する事項は，地方自治の本旨に基づいて法律で定めることとされており（憲法92），これに基づいて地方自治法その他の法律が定められている。国の立法による

規制は，本来，行政の全国的な統一性を保持する必要のあるものについて，行政の目的と水準の基準を示すものであるが，行政範囲の拡大とともに，地方公共団体の事務に関連する立法が増大し，法律による関与が増大している。行政立法すなわち政令，省令による関与も少なくない。

②**司法による関与**　　国が司法的手続を通じて地方公共団体の運営に関与する方法としては，裁判所が司法権の作用として関与する場合と行政機関が行政権の作用として行政争訟を通じて関与する場合がある。

まず，裁判所による関与は，通常は地方公共団体に関する行政事件訴訟の審理という形式をとるが，住民の権利を保護し救済することを主たる目的とするものであるから，地方公共団体の運営の適法性を確保するための消極的な関与ということができる。

これに対して，国の行政機関の司法的な関与は，行政不服審査法又は地方自治法等に基づく審査請求に対する裁定等の手続を通じて行われる。地方自治法による処分に関しては，審査請求の前置が定められている場合等行政不服審査法の特例が定められていることが多い。

③**行政による関与**　　国の地方公共団体に対する関与の形態として最も重要なものは，行政権による関与である。行政的関与は，立法又は司法による関与が一般的，消極的関与であるのと異なり，積極的に地方公共団体の行政執行の適正を図り，又は行政の統一的執行を図ることを目的とするものである。一般に，行政による関与は，権力的関与と非権力的関与に分けられるが，現行制度は，権力的関与をできるだけ避け，非権力的手段による関与を中心としている。

4　その他の関与

国の地方公共団体に対する関与に関しては，次のようなものが実質的に地方公共団体を統制しているという問題が指摘される。

第1は，法定受託事務の問題である。従来の機関委任事務は廃止されたが，自治事務とは取扱いが異なるので，注視すべき問題といえる。

第2は，財政，特に補助金を通じて行われる国の関与又は統制の問題であり，事実上，地方自治を大きく制約し，損うものである。

93 国等の地方公共団体に対する関与

自治法245以下，251の7，252

1 関与の原則

　国又は都道府県の地方公共団体に対する関与は，地方公共団体の適正な行政執行を確保するためのものであるが，地方公共団体の自主性，自立性を尊重し，国と地方公共団体との新しい関係を確立するためには，その関与のあり方が公正，透明であることが不可欠である。このため，地方公共団体はその事務の処理に関し，法律又はこれに基づく政令によらなければ関与を受けることはないとされ，関与の法定主義が定められている（法245の2）。

2 関与の定義

　地方公共団体に対する国又は都道府県の関与とは，地方公共団体の事務の処理に関し，国の行政機関又は都道府県の機関が行う次の行為とされている（法245）。

　(1)　地方公共団体に対する助言又は勧告,資料の提出の要求,是正の要求等

　(2)　地方公共団体との協議

　(3)　上記のほか，一定の行政目的を実現するため地方公共団体に対して具体的かつ個別的に関わる行為

3 関与の基本原則と類型

　地方自治法は，国は地方公共団体がその事務の処理に関し，国又は都道府県の関与を受け，又は要することとする場合には，その目的を達成するために必要な最小限度のものとするとともに，地方公共団体の自主性及び自立性に配慮しなければならないと規定し，いわゆる比例原則を明らかにしている（法245の3①）。

　そして，地方自治法245条の3第2項以下において，自治事務，法定受託事務ごとに，関与の類型と，例外を認められる場合について定めている。

4 国民の安全に重大な影響を及ぼす事態における国と地方公共団体との関係等の特例

　国等の地方公共団体に対する関与については原則，平等，公正等の見地

から定められているが，令和5年第33地方制度調査会「ポストコロナの経済社会に対応する地方制度のあり方に関する答申」を踏まえ，いわば非平時における特例が新しく制度化された。

この法改正は，新型コロナウィルス感染症や大規模な災害等による社会の急激な変化に対応が十分に行われなかったという課題に応えるためのものであるが，平時の国の地方公共団体に対する関与のあり方に重大な変更をもたらすものだけに地方分権の見地から大きな議論を呼び起したところである。その概要は次のとおりである。

(1) 特例の意味　　この特例はいわば平時における一般的な国等の地方公共団体に対する関与（法245以下）の特例である。

この特例は「国民の安全に重大な影響を及ぼす事態」に備えるものであるが，この事態とは大規模な災害，感染症のまん延その他その及ぼす被害の程度においてこれらに類する国民の安全に重大な影響を及ぼす事態が発生し，又は発生するおそれがある場合を指す（法252の26の3）。

(2) 関与の内容

ア　国による資料及び意見の提出の要求　　事態対処の基本方針の検討等のため，国は地方公共団体に対して資料又は意見の提出を求めることができる。

イ　指示　　国民の安全に重大な影響を及ぼす事態が発生した場合に，国は地方公共団体に対しその事務処理について国民の生命等の保護の措置の的確かつ迅速な実施のため講ずべき措置に関し，必要な指示をすることができる。

ウ　事務処理の調整の指示　　都道府県と市町村の間に事務処理の調整を図る必要があると認めるときは，必要な措置を講ずるよう指示することができる。

(3) 地方公共団体相互間の応援又は職員派遣　　国民の安全に重大な影響を及ぼす事態が発生した場合，特に必要がある場合において，国は当該事態発生以外の地方公共団体に対して応援を求めることができる。また，職員の派遣をあっせんすることができる。

94 地方公共団体相互間の協力関係

1 基本的関係

　地方公共団体は，それぞれ独立の法人格を有し，それぞれ独立してその区域内の事務を処理するものであり，地方公共団体相互間に優劣の違いはない。すなわち，すべての地方公共団体は，原則として，対等の地位にあり，それぞれの運営に関して，他の地方公共団体の関与は受けない。

　しかし，都道府県とその区域内に存する市町村は，地域的に密接不可分の関係にあるために，事務運営の面においても，相互間の調整を図るとともに緊密な協力を確保することが必要である。また，地方公共団体の事務が複雑厖大となり，また広域化してきたことに伴い，事務の合理化を図るとともにその広域処理の要請が強まり，このため，一般的に地方公共団体相互間の協力関係が必要とされる。このような見地から，地方自治法においては，地方公共団体相互間の関係について規定を設けている。

2 都道府県と市町村との関係

　①**一般的関係**　　都道府県と市町村は，法的地位としては，独立対等の立場にあるが，市町村が住民に直結する基礎的地方公共団体であるのに対し，都道府県は国と市町村の中間に位置し市町村を包括する広域的地方公共団体であることから，その機能を異にしている。まず，事務配分に関しては，都道府県は広域的事務，連絡調整的事務，及び市町村が処理することが不適当な規模又は性質の事務を処理するものとされ，市町村は都道府県の処理する事務以外のものをすべて包括的に処理するものとされている（法2③，⑤）。都道府県は，その広域的性格に基づいて国と市町村との連絡，市町村相互間の調整等を行うのである。

　また，事務処理に関しても，都道府県の事務の一部を条例により市町村に処理させる制度が認められている（法252の17の2）。

　②**特別の関係**　　都道府県と市町村の関係であっても，道府県と指定都市・中核市との関係及び都と特別区との関係は，一般のものとは異なっている。指定都市・中核市及び特別区の制度は，ともに大都市行政を推進

国と地方公共団体の関係等　*189*

するためのものであるが，指定都市・中核市は他の市より以上の権能を認められ，特別区は一般の市より若干権能が制約されている。

3　地方公共団体相互間の協力関係

地方公共団体相互間の協力関係とは，一般に，事務処理の合理化あるいは広域化に対応するための協力関係のことである。地方公共団体が相互に協力するための方式としては，地方自治法をはじめとする法令に基づくもの，一般私法に基づくもの，法令の根拠のない事実上のもの等各種の方式があるが，地方自治法に定めるものとしては，次のようなものがある。

①事務の共同処理　　地方公共団体の権限をそのままにして，共通の事務についてだけ共同して処理する方式として，次のものがある。これが，通常，事務の共同処理方式とよばれるものである。

　　ア　公の施設の区域外設置及び共同利用（法244の３）

　　イ　連携協約（法252の２）

　　ウ　地方公共団体の協議会（法252の２の２以下）

　　エ　地方公共団体の機関等の共同設置（法252の７以下）

　　オ　地方公共団体の事務の委託（法252の14以下）

　　カ　事務の代替執行（法252の16の２）

　　キ　地方公共団体の職員の派遣（法252の17以下）

②地方公共団体の組合　　地方公共団体が共同して組合を設けて，それぞれの事務の一部を処理させる方式がある。これは，地方公共団体の権限，組織等にも変更を加えるものである点において，狭義の事務の共同処理方式とは異なるが，広義においては，地方公共団体の事務を共同して処理するための制度の１つである。

　　ア　一部事務組合（法284以下）

　　イ　広域連合（法284③）

③その他　　なお，特別法に基づく協力関係として，地方行政連絡会議法に基づく地方行政連絡会議がある。

95 事務の共同処理

自治法252の2，252の2の2，252の7，252の14，252の17

1 事務の共同処理の目的

地方公共団体が共同して事務を処理する方式は，いずれも事務処理の合理化，能率化又は広域的な事務処理を図ることを目的とするものであり，自治法上次のものが定められている。

2 事務の共同処理の方式

①連携協約

地方公共団体は，当該団体及び他団体の区域における関係団体の事務の処理に当たって相互の連携を図るため事務処理の方針・役割分担を定める協約を締結することができる（法252の2）。

②地方公共団体の協議会

ア　協議会の種類　　協議会の種類は，①地方公共団体の事務の一部を共同して処理するもの，②それらの事務の処理について連絡調整を図るもの，及び③広域にわたる総合的な計画を共同して作成するものの3種類である（法252の2の2）。

イ　協議会の性格　　事務を共同処理する協議会は，関係地方公共団体の共同設置した共通の執行機関としての性格を有するが，自らの権限で事務執行をするものではなく，関係地方公共団体又はその執行機関の名において事務執行をする。

ウ　設置の手続　　協議会を設置しようとするときは，連絡調整のための協議会を除き，関係地方公共団体は協議により規約を定めなければならない。この協議については，議会の議決を要する（法252の2の2①，③）。

エ　組織及び運営　　協議会は，関係地方公共団体の職員の中から選任された会長及び委員をもって組織され（法252の3），規約の定めるところにより運営される（法252の4）。

③地方公共団体の機関の共同設置

ア　趣旨　　地方公共団体は，協議により規約を定め，共同して，①議会事務局，②委員会及び委員（公安委員会を除く），③附属機関，④行政

機関，⑤長，委員会等の内部組織，⑥議会及び執行機関の補助職員，⑦専門委員又は監査専門委員を置くことができる（法252の7）。

イ　機関の性格　共同設置された機関は，すべての関係地方公共団体の機関としての性格を有し，その行為はそれぞれの関係地方公共団体に帰属する。設置の手続は，協議会設置の手続と同じである。

ウ　運営　共同設置された機関の運営は規約の定めるところによるが，委員等の選任その他の身分取扱いは，原則として，関係地方公共団体のうちの特定のものに所属する職員とみなして処置される。

④地方公共団体の事務の委託

ア　趣旨　地方公共団体は，協議により規約を定め，地方公共団体の事務の一部を，他の地方公共団体に委託して，その執行機関に処理させることができる（法252の14①）。この事務委託は，一般に公法上の契約と解されている。

イ　事務委託の効果　事務委託によって，委託した地方公共団体の事務は受託した団体の事務に移り，受託した地方公共団体が，その権限と責任において事務処理を行う。

⑤事務の代替執行

地方公共団体は他団体の求めに応じて協議により規約を定め，他団体の事務の一部を他団体の長等の名において執行することができる（法252の16の2）。

⑥職員の派遣

ア　趣旨　地方公共団体の長その他の執行機関は，事務の執行のため特別の必要があると認めるときは，他の地方公共団体の長等に対し，職員の派遣を求めることができる（法252の17①）。この制度は，職員の身分を保障して，地方公共団体相互間の人事交流を促進しようとするものである。

イ　派遣職員の身分取扱　派遣された職員は，派遣を受けた地方公共団体の職員の身分を併せ有することになり，その給料，手当及び旅費は，派遣を受けた地方公共団体が負担し，その他は派遣した団体が負担する。

96 指定都市及び中核市

自治法252の19〜252の26の2

1 大都市に関する特例

わが国の地方自治制度は，都道府県及び市町村のいわゆる二層制を採用しており，市町村は，基礎自治体として都道府県の処理する事務以外のものを包括的に処理するものとされている。しかし，市については，同じ都市でありながら，規模，能力等の社会的実態はさまざまであり，大きな差異がみられる。そこで，規模，能力が大きな都市については，その事務権限を強化し，できる限り住民の身近で行政を行うことが重要である。このため，自治法上大都市に関する特例として，従来指定都市，中核市及び特例市の制度が設けられていたが，平成26年自治法改正により，平成27年4月から中核市と特例市の制度が統合された。

なお，都及び特別区制度も大都市制度であるが，普通地方公共団体に適用される指定都市等の大都市制度とは性格を異にするものである。

2 指定都市

①**権能** 指定都市は，本来都道府県が処理することとされている事務の全部又は一部を，政令で定めるところにより処理することができることとされ，事務配分上の特例が設けられている（法252の19①）。

また，行政監督の特例として，指定都市がその事務を処理するに当たって，法令の定めるところにより都道府県知事若しくはその機関の許可等の処分，改善等の指示その他の命令を受けるものとされている事項については，政令の定めるところにより，これらの処分を要せず，又は都道府県知事等の許可等の処分等に代えて，主務大臣の許可等を受けるものとされている（法252の19②）。

指定都市は，基礎自治体でありながら道府県に近い権能を与えられている大規模な都市である。

②**要件** 政令で指定する人口50万以上の市である（法252の19①）。

③**指定に係る手続** 当該市の市長，市議会，当該市を包括する都道府県知事及びその議会の意思の合致のうえ，市長が総務大臣に対し申請を

行い，政令で指定される。

④**区の設置**　　市長の権限に属する事務を分掌させるため，条例で，その区域を分けて区を設けることとされている（法252の20）。指定都市の区は，単に事務処理の円滑化のために設けられる行政上の区画であり，法人格を有するものではない。

⑤**総合区**　　指定都市は条例で区に代えて総合区を設け，区域内の事務を総合区長に執行させることができる。総合区長は市長が議会の同意を得て任命する特別職である。総合区制度は区の役割を拡充し，住民自治を強化する目的のものである（法252の20の2）。

⑥**指定都市都道府県調整会議**　　指定都市及びこれを包括する都道府県はいわゆる二重行政を解消する等の協議を行うため調整会議を設ける（法252の21の2）。

3　中核市

①**権能**　　中核市は，指定都市が処理することができる事務のうち，都道府県が都道府県の区域にわたり一体的に処理することが効率的な事務その他の中核市において処理することが適当でない事務以外の事務を，政令で定めるところにより処理することができる（法252の22①）。

また，行政監督の特例として，都道府県知事の指示・命令に関する法令の規定を適用せず，又は都道府県知事の指示・命令に代えて，主務大臣の指示・命令を受けるものとされている（法252の22②）。

②**要件**　　人口20万人以上の要件を満たすこと（法252の22）。

③**指定に係る手続**　　①中核市は政令で指定する。②総務大臣は，中核市の指定に係る政令の立案をしようとするときは，関係市からの申出に基づき，これを行う。③中核市の指定の申出をしようとするときは，関係市は，あらかじめ当該市の議会の議決を経て，都道府県の同意を得なければならない。なお，都道府県の同意については，当該都道府県の議会の議決を経ることが必要である（法252の24）。

97 都及び特別区制度

自治法281以下

1 都及び特別区の意義

都は道府県と同じく普通地方公共団体であるが，その区域の一部に特別地方公共団体である特別区を含み，その区域では大都市としての性格と権能を有する特殊な制度である。

特別区は，都に置かれる区のことであり（法281①），市町村に相当する基礎的な地方公共団体であるが，法的な性格は特別地方公共団体として一般の市とは異なる取扱いがされている。これは，特別区が都の内部構成団体としての沿革を有すること及び特別区の存する区域が一体として大都市を形成している実態に基づいて，大都市行政を確保し得るよう都と特別区との間に事務及び財源の配分に関して特例が設けられているためである。

2 特別区制度の改革

都制は，昭和18年太平洋戦争下の戦時体制に対応した帝都行政の遂行を図るため，それまでの東京府と東京市を合体させて発足したものである。

特別区の沿革は，古く明治11年の郡区町村編制法により東京，京都，大阪に自治区が設けられたことに始まるが，これが，市，東京都制下の区を経て，昭和22年地方自治法の制定によって，特別区となったのである。その後特別区は区長公選制が廃止される等の変遷を経たが，区長公選制の復活を中心とする自治権拡大の運動が続けられ，これは大幅な事務移譲，区長公選制の復活を含む法改正となり，さらに平成10年地方自治法の改正により，いわば市なみの性格と権能を有する新しい特別区制度が平成12年4月からスタートした。

この特別区制の主要点は，第1に，特別区が市町村と同じく基礎的な地方公共団体としてその位置づけが明確にされたことである（法281の2②）。

第2は，特別区は，都が一体的に処理する必要のある事務を除いて，一般的に市町村と同じ事務処理を行う権能を認められ，清掃事務などが特別区の事務となったことである。

第3は，特別区の自主性強化のため，特別区に税源の委譲が行われ，財

政調整制度が整備されたことである。

3　特別区制度の特色

特別区は，法上は特別地方公共団体であるが，社会的実態は市町村と同じであり，地方自治法上も，原則として，市に関する規定が適用される（法283）。特に特別区が特別地方公共団体として位置づけられているのは，もっぱら都と特別区及び特別区相互間の一体性確保の観点からの事務配分及びこれと表裏をなす財政調整の特殊性によるものである。

ア　事務配分　特別区は，一般的に市町村と同じ権能を有し，原則として市が処理することとされている事務を処理するが，法令に基づき市の事務であっても都が処理するものがある。それは，特別区の存する区域において一体的，統一的に処理すべき事務であり，上，下水道の設置，消防事務等については，都が市の事務を執行する（法281の2）。

イ　都と特別区及び特別区相互間の調整　都知事は特別区の事務処理について，必要な助言又は勧告をすることができる（法281の6）。

ウ　都区協議会　都と特別区の間の連絡調整を図るため，地方自治法上の組織として，都と特別区の代表者で構成する都区協議会が設けられている（法282の2①，②）。

エ　財源調整　都にあっては，交付税の算定については特別区の区域は一の大都市とみなされ，特別区の財政運営は，一般の市町村とは異なり，地方自治法の規定により，都の条例に基づいて財源調整が行われる。

4　都と市町村

都には，特別区以外に市町村も存するが，その関係は一般の道府県と市町村の関係と全く同じである。

5　大都市制度としての特別区

都と特別区は，現在東京都と23区が存するが，地方自治法上は一般的な制度として定められており，他府県にも適用しうるとされている。このため，平成24年「大都市地域における特別区の設置に関する法律」が成立し，人口200万以上の指定都市等の区域に特別区を設置するための手続等が定められた。

98 特別区の事務と財政調整

自治法281〜283

1 特別区の事務

特別区は，地方自治法上は特別地方公共団体として普通地方公共団体である市町村とは区別されているが，それは特別区が都という大都市の区域を構成する団体として特別の取扱いをされてきた歴史的経緯や事情によるものであり，実態としては市町村と共通の性格を有するものである。

特別区の事務については，基本的に，法律又は政令により都が処理することとされているものを除き，地域における事務並びにその他の事務で法令により市が処理することとされるもの及び法律又はこれに基づく政令により特別区が処理することとされるものを処理する（法281）。これは，特別区については原則的に市に関する規定が適用されることとともに（法283），特別区が基本的には市なみの権能を有することを示すものである。

しかし特別区の権能の特殊性は，都と特別区との役割分担が他の普通地方公共団体とは異なることであり，通常の市町村であれば処理することとされている事務のうち，「人口が高度に集中する大都市地域における行政の一体性及び統一性の確保の観点から当該区域を通じて都が一体的に処理することが必要であると認められる事務」は，都が処理するものとされ，特別区はそれら以外の事務について，一般的に市町村と同じく基礎的な地方公共団体として事務処理に当たることとされている（法281の2）。

平成12年の制度改正とともに，清掃事務をはじめとする数多くの事務が，都から特別区の権能に移された。

2 事務の調整

東京都と特別区は，特別区の存する区域が大都市としての一体性を有するという特殊性に基づいて，行政運営上，特に密接な連携が必要とされ，都知事は都と特別区及び特別区相互の間の調整上，特別区の事務の処理について，その処理の基準を示す等必要な助言又は勧告をすることができる（法281の6）。従来特別区を統制していた調整条例は，廃止された。

また，都及び特別区の事務の処理について，都と特別区及び特別区相互

特別地方公共団体等　*197*

の間の連絡調整を図るため，都及び特別区で構成する都区協議会を設置することとされている（法282の2）。

3　都と特別区の間の財政調整

①財政調整の意義　都と特別区との事務配分及び行政運営上の関係の特殊性のために，特別区には市町村のように地方交付税は直接には交付されず，特別区の区域を1つの市とみなして大都市分として算定し，都の道府県分と合算のうえ都に交付されることとされ，都と特別区及び特別区相互間において，特別の財政調整が行われることとされている（地方交付税法21）。

この財政調整の基本は，都は都と特別区及び特別区相互間の財源の均衡化を図り，並びに特別区の行政の自主的かつ計画的な運営を確保するため，特別区の事務執行に要する経費の財源について，都条例の定めるところにより特別区財政調整交付金を交付することである（法282）。

都と特別区に関して，特別の財政調整制度が設けられているのは，特別区の区域では都が市の事務の一部を処理すること，その行政水準には均衡が図られるべきこと，他方，特別区には地理的条件等により税財源の偏在が著しく，財政力に大きな不均衡がみられるからである。

②財政調整の基本的なしくみ　都と特別区及び特別区相互間の財政調整の基本的なしくみは，特別区財政調整交付金の財源として，都が課する固定資産税，市町村民税法人分，特別土地保有税及び法人事業税交付対象額の収入額に条例で定める一定割合を乗じて得た額をもって定め（法282②），各特別区ごとに一定の方式によって財政需要額と財政収入額を算定し，財源の不足する特別区に対して特別区財政調整交付金を交付するものである。

これは，都が市の事務の一部を処理するため，都と特別区の間の財源配分は市町村税を基にすること，及び特別区間で税源の偏在の著しい税目を財源配分に用いるのが適当であることによるものである。

都と特別区の間の財政調整は，国と地方公共団体間の財政調整すなわち地方交付税制度に準じたものということができる。

都と特別区の間の財政調整については，都区協議会の意見を聴いて都の条例で定めることとされている（法282，282の2）。

99 地方公共団体の組合

自治法284以下

1 組合の意義及び性質

　地方公共団体の組合とは，複数の地方公共団体がその団体の事務の一部を共同して処理するために設ける複合的地方公共団体である。

　組合は，実質においては地方公共団体の事務の共同処理方式の１つであるが，特別地方公共団体として法人格を与えられている点において，地方公共団体の協議会とは異なり，特定の行政目的のために人為的に構成されたものである点において，総合的な存立目的を有する都道府県，市町村と異なる。

　組合は，複数の地方公共団体で構成する複合的地方公共団体であり，その構成要素は，権限，区域及び構成団体の３つである。したがって，組合は固有の住民を有しないが，その事務執行は構成団体の住民を拘束する。

　地方公共団体の組合は，以上のような性質を有するが，法令上の扱いとしては，都道府県の加入するものにあっては都道府県に関する規定，市及び特別区の加入するもので都道府県の加入しないものにあっては市に関する規定，その他にあっては町村に関する規定が準用される（法292）。

2 組合の種類

　組合は，その共同処理する事務によって，一部事務組合，広域連合に分類される。一部事務組合及び広域連合は，都道府県，市町村のいずれも設置することができ，特に市町村において多数設置されているが，平成22年に設立された関西広域連合のように府県を構成員とするものもある。

3 一部事務組合

　①**意義**　　普通地方公共団体及び特別区は，その事務の一部を共同処理するため，組合を設けることができる。これを一部事務組合という（法284）。共同処理する事務には，法上特段の制限はないが，病院，学校，ごみ処理施設の設置，競走事業等を目的とするものが多い。また，必ずしも同一種類の共通の事務でなくても相互に関連する事務を処理する複合事務組合を設けることができる（法285）。

特別地方公共団体等　*199*

②**効果**　　組合が成立した場合，その共同処理する事務は，関係地方公共団体の権限から除外される。その結果として，関係地方公共団体の執行機関の権限に属する事務がなくなったときは，その執行機関は，組合の成立と同時に消滅する（法284②）。

③**設置の手続**　　組合を設立しようとするときは，関係地方公共団体は，協議により規約を定め，都道府県の加入するものにあっては総務大臣，その他のものにあっては都道府県知事（数都道府県にわたるものは，総務大臣）の許可を得なければならない（法284②）。この協議については，関係地方公共団体の議会の議決を要する（法290）。

④**組織及び運営**　　組合の組織及び運営に関しては，規約で定められるが，特別地方公共団体であるから議会と執行機関である管理者又は理事会が置かれ，これによって運営されることになる。

なお，一部事務組合は規約の定めるところにより，当該一部事務組合の議会を構成団体の議会をもって組織することができる（法287の2①）。これを特例一部事務組合という。

⑤**解散及び脱退**　　組合を解散する手続きは，関係地方公共団体の協議により，総務大臣又は都道府県知事に届け出ることにより行う（法288）。構成団体の脱退については，特例的な手続が定められている（法286の2）。

4　広域連合

普通地方公共団体及び特別区は，その事務で広域にわたり処理することが適当であると認めるものに関し，広域計画を作成し，必要な連絡調整を図り，事務を総合的かつ計画的に処理するため，広域連合を設けることができる（法284③）。

広域連合は，一部事務組合では広域的な行政需要に必ずしも適切に対応できない面があるため，より広域的な政策や行政需要に取り組むとともに，地方分権に伴い，国及び都道府県からの事務配分の受入れ体制の整備を目的とするものでもある。

100 広域連合

自治法284③, 291の2〜291の13

1 広域連合の意義

広域連合は，都道府県及び市町村の区域を越える多様化した広域行政の
ニーズに適切かつ効率的に対応するために，地方公共団体の組合の一類型
として設けられた制度であり，以下の特徴をあげることができる。

(1) 一部事務組合とは異なり，国，都道府県知事又は都道府県の委員会
若しくは委員から直接に事務処理の権限を受けることができる。

(2) 権限委譲の実効性を高めるために，広域連合が国等に対して権限の
委任により事務処理することとするよう要請できる。

(3) 広域行政需要に対応するため，広域計画を作成し，広域計画に基づ
いて総合的かつ計画的に施策を実施する。

2 広域連合の目的及び設置

広域連合の目的は，広域にわたり処理することが適当であると認める事
務に関し，広域にわたる総合的な計画を作成し，これらの事務の管理及び
執行についてその計画の実施のために必要な連絡調整を図り，並びにこれ
らの事務の一部を広域にわたり総合的かつ計画的に処理することである。

広域連合は，普通地方公共団体及び特別区が協議により規約を定め，都
道府県の加入するものは総務大臣，その他のものは都道府県知事の許可を
得ることによって設置される（法284③）。

3 広域連合に対する国等からの権限の委任等

国又は都道府県知事等は，その権限又は権限に属する事務のうち広域連
合又はその執行機関の事務に関連するものを当該広域連合に処理させるこ
とができる（法291の2）。

また，都道府県の加入する広域連合の長は国の行政機関の長に対し，そ
の他の広域連合の長は都道府県知事等に対し，当該広域連合の事務に密接
に関連する事務の一部を当該広域連合が処理することとするよう要請する
ことができることとしている（法291の2④，⑤）。

4 広域連合の規約，選挙，協議会及び解散

　広域連合の規約には，組織及び運営に関する事項のほか，区域，広域計画の項目，議会の組織及び議員の選挙の方法，長その他執行機関の組織及び選任の方法を定めなければならない（法291の4）。

　広域連合の議員は，住民が直接又は広域連合を組織する地方公共団体の議会が選挙し，広域連合の長は，住民の直接選挙又は広域連合を組織する地方公共団体の長の投票で選任される（法291の5）。長に代えて，理事によって構成する合議制の理事会を置くこともできる（法291の13，287の3）。

　また，広域連合は，広域計画に定める事項を一体的かつ円滑に推進するため，条例で，広域連合の長，国の地方行政機関の長，都道府県知事，学識経験を有する者等のうちから広域連合の長が任命する者をもって組織する協議会を置くことができる（法291の8）。

　広域連合を解散しようとするときは，関係地方公共団体の協議により，設置時と同様に総務大臣又は都道府県知事の許可を受けなければならない。

5 直接請求

　広域連合は，一部事務組合と異なり，条例の制定改廃，事務監査，議会の解散及び議員又は長の解職等の請求について，普通地方公共団体と同様の制度を設けている。なお，直接請求をすることができる者は，広域連合を組織する普通地方公共団体等の議員及び長の選挙権を有する者で，規約に定める広域連合の区域内に住所を有するものである（法291の6）。

6 広域計画

　広域連合は，その設置後，速やかに議会の議決を経て，広域計画を作成しなければならない。

　広域連合及びその執行機関並びに構成団体及びその執行機関は，広域計画に基づいて，その事務を処理するようにしなければならないものとし，構成団体の事務処理が広域計画の実施に支障があり又は支障があるおそれがあると認めるときは，広域連合の長は，議会の議決を経て，構成団体に対し，当該広域計画の実施に関し必要な措置を講ずべきことを勧告することができる（法291の7）。

101 財産区と地縁による団体

自治法260の2以下，294以下

1 財産区

①財産区の意義

財産区とは，市町村又は特別区の一部で財産を有し若しくは公の施設を設けているもので，その財産又は公の施設の管理，処分について，特別地方公共団体として法人格を与えられているもののことである。

財産区は，元来，旧来の慣行によって成立したものであって，任意に設立することはできず，地方自治法施行前から存するものと地方自治法施行後市町村合併の場合における財産処分に関する協議に基づき成立したものの2種類だけが認められている（法294）。

②財産区の事務処理

ア　事務処理の方法　財産区の有する財産又は公の施設の管理，処分又は廃止については，地方自治法中の財産又は公の施設の管理，処分又は廃止に関する規定によることとされている（法294）。したがって，財産区の事務処理については，地方自治法の規定に従って，財産区の存する市町村又は特別区の執行機関及び議会が，財産区の執行機関又は議会として，権限を行使することになる。

イ　事務の範囲　財産区の権能は，その財産又は公の施設の管理，処分又は廃止に限られる。

③財産区の組織及び運営

財産区は，固有の議会及び執行機関を有せず，財産区の存する市町村の議会及び執行機関が財産区の財産又は公の施設の管理，処分等の事務処理を行うのが原則であるが，必要がある場合は，財産区の議会又は総会を設け，財産区管理会を設けることができる（法296の2）。

2 地縁による団体

①地縁による団体の性格

町内会，自治会等町又は字の区域その他市町村内の一定の区域に住所を有する者の地縁に基づいて形成された団体（地縁による団体）は，従来，

集会施設等の土地建物等の不動産を所有することを前提に法人格を認められる等一定の権能を認められてきたが，近年人口減少や高齢化等社会経済情勢の変化にともない町内会，自治会等の活動範囲も住民相互の連絡，環境美化，防犯・防災さらには高齢者の生活支援など地域的課題に広がっている。

このため地縁による団体の活動基盤を強化し，地域的な共同活動を円滑に行うため，不動産の有無にかかわらず市町村長の認可を受けて一定の法律上の権能を有することとなった（認可地縁団体）。

この地縁による団体の認可は，次の要件のすべてを満たすものについて，その団体の代表者の申請に基づいて行われる（法260の2）。

①その区域の住民相互の連絡，環境の整備，集会施設の維持管理等良好な地域社会の維持及び形成に資する地域的な共同活動を行うものであること，②その区域が，住民にとって客観的に明らかなものであること，③その区域内に住所を有するすべての個人が構成員となりうるものであり，現に相当数が構成員となっていること，④規約を定めていること。

②団体の運営等

認可を受けた地縁による団体は，公共団体等の行政組織の一部となるものでないのはもちろん，正当な理由なくその区域の個人の加入を拒んではならないこと，民主的な運営の下に自主的に活動し，構成員に対し不当な差別的取扱いをしてはならないこと，また特定の政党のために利用してはならないことなどが定められている（法260の2⑥，⑦，⑧，⑨）。

3　指定地域共同活動団体

市町村は事務処理にあたっては，地域の多様な主体の自主性を尊重しつつこれらの主体と協力して，住民の福祉の増進を効率的かつ効果的に図らなければならない。

この趣旨を達成するため必要と認めたときは，市町村長は地域的な活動を行う団体のうち地縁による団体など一定の条件を備えるものを指定地域共同活動団体として指定することができる（法260の49）。この団体に対して，市町村は必要な支援を行うことができる。

試験・実務に役立つ！
地方自治法の要点　第13次改訂版

昭和55年 7 月20日	初　版　　発　行
平成元年 4 月10日	第 1 次改訂版発行
平成 4 年 4 月20日	第 2 次改訂版発行
平成 8 年 2 月 1 日	第 3 次改訂版発行
平成 9 年12月25日	第 4 次改訂版発行
平成11年12月15日	第 5 次改訂版発行
平成14年12月20日	第 6 次改訂版発行
平成17年 8 月 1 日	第 7 次改訂版発行
平成19年 7 月25日	第 8 次改訂版発行
平成24年 1 月20日	第 9 次改訂版発行
平成26年 4 月21日	第10次改訂版発行
平成30年 3 月16日	第11次改訂版発行
令和 5 年 6 月29日	第12次改訂版発行
令和 7 年 4 月23日	第13次改訂版発行

著　者　檜垣正已

発行者　光行　明

学　陽　書　房

東京都千代田区飯田橋1-9-3
☎03（3261）1111
https://www.gakuyo.co.jp/

© Masami Higaki 2025, Printed in Japan
装幀／佐藤博　印刷／精文堂印刷　製本／東京美術紙工
ISBN 978-4-313-20902-2　C 2332
乱丁・落丁本は，送料小社負担にてお取り替えいたします。

JCOPY ＜出版者著作権管理機構　委託出版物＞
本書の無断複製は著作権法上での例外を除き禁じられています。複製される場合は，そのつど事前に，出版者著作権管理機構（電話 03-5244-5088，FAX 03-5244-5089，e-mail：info@jcopy.or.jp）の許諾を得てください。